# Colección de cuentos para dormir para niños: magos, dinosaurios, extraterrestres, dragones y más: cuentos cortos y meditación guiada para niños e infantes pequeños, sueño profundo y vínculos con los padres

**Por Jessica Flowers**

© Copyright 2020 - Todos los derechos reservados.

El contenido de este libro no se puede reproducir, duplicar ni transmitir sin el permiso directo por escrito del autor o el editor.

Bajo ninguna circunstancia se responsabilizará al editor o al autor por cualquier daño, reparación o pérdida monetaria debido a la información contenida en este libro; ya sea directa o indirectamente.

Aviso Legal:

Este libro está protegido por derechos de autor. Este libro es solo para uso personal. No puede enmendar, distribuir, vender, usar, citar o parafrasear ninguna parte o el contenido de este libro sin el consentimiento del autor o editor.

Aviso de exención de responsabilidad:

Tenga en cuenta que la información contenida en este documento es solo para fines educativos y de entretenimiento. Se han realizado todos los esfuerzos para presentar información completa, precisa, actualizada y confiable. No se declaran ni implícitas garantías de ningún tipo. Los lectores reconocen que el autor no participa en la prestación de asesoramiento legal, financiero, médico o profesional.

# Contenido

El oso mandón .................................................. 1
La elfa aprende magia ..................................... 7
El animal más hermoso del mundo ................. 13
La gran ballena azul ....................................... 20
El juego de hockey ......................................... 26
El oso que quería ser humano ........................ 33
El gran monstruo que no quiso romper cosas .. 38
Las carreras de escobas .................................. 44
La salchicha tonta .......................................... 51
Los catorce osos ............................................. 57
La princesa y el príncipe ................................ 62
El Cuervo ....................................................... 69
Ve a dormir .................................................... 76
¡La historia más grande del mundo jamás contada! ............................................................ 83
Saludos .......................................................... 89
El circo de los sueños .................................... 96
La bebé que se metió todo en la boca ............ 102
La meditación del diente de león ................... 108
El chico asustadizo ........................................ 114
La ardilla asustada ......................................... 120
La varita del poder ........................................ 126

**El último elfo** ............ 132
**El elefante rosa** ............ 138
**El animador** ............ 145
**El torneo de tiro con arco** ............ 148
**El alce solitario** ............ 155
**La liebre y la tortuga** ............ 160
**El Príncipe Dragón** ............ 167
**Pie grande y su familia** ............ 173
**El arcoiris del sueño** ............ 179

**Instrucciones para el artista de audio: 20 minutos por historia**

# El oso mandón

Billy se comió sus panqueques de arándanos, raspando grandes montículos de panqueques y bayas con sus patas, y metiéndolos en su boca para que el jugo azul cubriera su cara peluda. Cuando terminó, sus padres no pudieron averiguar si era un oso pardo o un oso azul.

"Ve y lávate la cara", dijo su madre.

"Luego, lava tu plato y ponlo en la rejilla para que se seque", dijo su padre.

"Y asegúrate de terminar tu tarea para la escuela mañana", le recordó su madre.

"Ve y lávate los dientes", dijo su padre.

"Y lávate la cara", le recordó su madre.

"Son tan mandones", pensó Billy. "Nunca seré así cuando sea adulto." Subió las escaleras, se lavó los dientes y se lavó la cara. Cuando bajó las escaleras, limpió su plato y lo puso en la rejilla para que se seque. Luego convenientemente se olvidó de su tarea y salió a jugar con sus amigos.

Buscó por el bosque. Por lo general, sus amigos se encontraban en algún lugar y tenía una idea excelente para un nuevo juego. Sabía que a sus amigos les encantaría el juego y no podía esperar para jugarlo.

Primero encontró a Conejo. Conejo estaba en el claro a la caza de zanahorias. Había muchas zanahorias allí, y Conejo desenterraba una cada mañana. Comenzaba por roer las copas de color verde brillante antes de devorar la zanahoria naranja dorada y disfrutar de su dulzura.

"Hola, Billy", dijo Conejo cuando lo vio acercarse.

"Hola, Conejo", dijo Billy. "Ven conmigo. Deja esa zanahoria y sígueme. Y asegúrate de cepillarte el pelo, todo está pegado al frente. Vamos, Conejo ".

"Oh", dijo Conejo. "Bueno."

Conejo saltó detrás de Billy y se fueron en busca de más amigos. Encontraron a Pato junto al río.

A Pato le gustaba nadar todas las mañanas para mojarse las plumas y despertarse. Cuando llegaron al río, Pato estaba chapoteando en las aguas poco profundas antes de saltar a la parte principal del río con un chapoteo.

Billy y Conejo observaron a Pato mientras remaba de un lado a otro, moviendo la cola antes de sumergirse en el agua y volver a subir.

"Hola, Conejo y Billy", gritó Pato cuando los vio.

"Hola, pato", dijeron Conejo y Billy juntos.

"¡Tienes que salir del agua!" gritó Billy. "Tengo algo que enseñarte. Ve a la orilla del río y sécate. Y no olvides secarte las plumas de la cola. Asegúrate de ser rápido. Y trae tus hojas favoritas también ".

"Está bien", dijo Pato. "Intentaré hacer todo eso".

Pato y Conejo siguieron a Billy mientras los conducía a través del bosque. Salieron en busca de Zorra.

Zorra era astuta y le gustaba permanecer en las sombras, prefiriendo escabullirse entre los árboles hasta que podía ver a sus amigos y luego saltar para asustarlos. Todos se reirían cuando eso sucediera.

Billy llegó al lugar donde solía jugar Zorra. Le gustaba que ella saltara y asustara a todos, pero no tenía tiempo para eso esta mañana. Se paró cerca de la parte más gruesa de los árboles y gritó.

"¡Sal! ¡Sal, Zorra! gritó Billy. "Sé que quieres asustarnos, pero no tenemos tiempo esta mañana. Tengo algo que necesito mostrarte y debes salir ahora ".

Zorra asomó la cabeza desde detrás de uno de los árboles. "Buenos días a todos."

"No hay tiempo para eso, Zorra", dijo Billy. "Asegúrate de tener tu rabo, toma tu desayuno, cepíllate los dientes, peina tu cabello y ven conmigo. Ah, y no olvides traer tu pelota. Espera, trae dos bolas, por si acaso ".

"Oh, está bien", dijo Zorra. Estaba demasiado aturdida para decir algo más.

Había un amigo más que encontrar, y Zorra, Pato y Conejo siguieron a Billy por el bosque. Cuando llegaron al borde del bosque, vieron a Puma.

Puma estaba jugando con su hermano y hermana. Estaban corriendo en círculos y persiguiéndose unos a otros. Los amigos vieron jugar a los pumas durante un rato antes de que Billy interrumpiera la diversión.

"Es hora de irse, Puma", gritó Billy. "Necesitas traer tu red y limpiar antes de venir, lavarte los oídos y asegurarte de haber comido suficiente comida, y ¿tuviste tiempo para hacer tu tarea? Me vendría bien un poco de ayuda con eso. Definitivamente deberías hacer tu tarea, pero no ahora. Hora de irse. Necesito mostrarte algo ".

"Buenos días", fue todo lo que Puma pudo decir. Se despidió de su hermano y hermana y siguió a Billy.

Los cuatro amigos siguieron a Billy a través del bosque hasta el gran claro del centro. La hierba era verde esmeralda, y el sol brillaba desde arriba, iluminando las puntas de la hierba, haciéndolas brillar a la luz del sol. Había dientes de león y margaritas allí, añadiendo aún más color al claro del bosque.

"Está bien, Conejo, tú te quedas ahí, y Puma, te quedas ahí, y Pato, ve hacia allá, y Zorra, pásame esa cosa. Y, que alguien me dé la pelota, y ¿dónde está la red y el palo? ¿Están listos para escuchar las reglas y asegurarse de que estén todos muy quietos y que se diviertan mucho? ", Dijo Billy en un largo respiración.

"Me voy de aquí", dijo Zorra, y se alejó.

"Nosotros también", dijeron todos los demás, y caminaron detrás de Zorra.

Billy se dejó caer al suelo y se sentó en la hierba. No podía creerlo. Solo había querido mostrarles a sus amigos el nuevo y divertido juego que había inventado, y todos se habían marchado. Primero, sus padres habían sido todos mandones y ahora sus amigos no querían jugar con él. Este no estaba resultando ser un buen día en absoluto.

Apoyó la cabeza entre las manos y trató de pensar qué hacer a continuación. Pensó en la mañana y en cómo podría haber hecho algo diferente. Entonces, el pensamiento lo golpeó. Había actuado exactamente de la misma manera que sus padres.

Billy se levantó de un salto y corrió tras sus amigos.

"¡Vuelvan! ¡Vuelvan!" gritó cuando los alcanzó. Se contuvo. Estaba haciendo exactamente lo mismo que hizo que todos huyeran.

"¡Lo siento!" Billy gritó. "Fui demasiado mandon esta mañana. Les dije lo que tenían que hacer y les hice dejar su rutina matutina para venir a jugar conmigo. Estaba tan emocionado de que jugaran mi nuevo juego que les di órdenes sin pensar ".

"Y cuando llegó el momento del juego", dijo Zorra, "nos mandó un poco más. Fue entonces cuando todos dijimos que era demasiado ".

"¿Podrían volver y jugar mi juego?" preguntó Billy. "Si quieren, por supuesto".

"Lo haremos", dijo Pato.

"Pero podemos agregar algunas reglas al juego para hacerlo aún más divertido", dijo Puma.

"¡Si!" gritó Billy. "Apuesto a que podemos pensar en muchas reglas divertidas. Entonces, podemos intentar romper esas reglas cuando estemos jugando ".

"¡Oh si!" gritó Pato.

Los amigos volvieron a la limpieza y Billy explicó su juego. Todos los amigos jugaron, e hicieron reglas mucho más divertidas y rompieron casi todas cuando estaban jugando.

Billy se divirtió mucho jugando y sabía que tenía que dejar de ser tan mandón. Solo quedaba una cosa más por hacer, y era convencer a sus padres de que también dejaran de ser mandones. Eso llevaría mucho tiempo.

## La elfa aprende magia

Buttons se despertó de su sueño. Sus padres le habían puesto el nombre de Buttons cuando nació. Su madre siempre le había dicho que cuando nació era tan linda como un botón, así que le pusieron un nombre relacionado a los botones.

Se levantó de la cama, se desperezó y se miró en el espejo. Buttons ya no estaba segura de si era tan linda ahora que tenía seis años, pero era muy hermosa.

Como cualquier elfo, era alta. También tenía orejas puntiagudas, piel pálida, ojos verdes intensos y cabello largo y rubio. Siempre se preguntó si cada elfo era tan lindo como un botón cuando nacían, o si ella era especialmente linda cuando era un bebé.

Eso no importaba hoy, y su mente rápidamente pasó a otra cosa. ¿Cómo podía pensar en su ternura cuando este era el día en que finalmente aprendería magia?

Los elfos son criaturas muy mágicas, pero no nacen con esa magia, tienen que aprenderla. Es cuando tienen seis años cuando finalmente aprenden.

Buttons se puso sus mejores túnicas y las alisó en la parte delantera. Había leído muchas historias que hablaban de brujas y magos. Siempre usaban varitas para realizar magia, pero los elfos no necesitaban varitas.

Buttons no sabía realmente cómo sería aprender magia, pero sí sabía que estaba emocionada de aprender.

"Estoy lista", gritó cuando llegó al pie de las escaleras.

"Buenos días", dijo su madre.

"Este es un día muy especial", dijo su padre. "Todavía puedo recordar el día en que aprendí a hacer magia"

"¿Cómo fue?" preguntó Buttons.

"No, es mejor experimentarlo que que te lo cuenten. Es diferente para todos ", dijo su padre.

Buttons se sentó con sus padres a desayunar, devorando muchas semillas y bayas, antes de ponerse sus zapatos de elfo y su sombrero de elfo.

"Eres tan linda como un botón", dijo su madre, y Buttons sonrió.

Caminaron por la pequeña aldea de elfos hasta la casa del anciano elfo. El anciano elfo era el elfo más viejo y sabio de la aldea, y algunas personas afirmaban que el anciano tenía más de trescientos años. Nadie estaba seguro de su edad exacta, ni siquiera el mayor.

Cuando Buttons y su familia llegaron a la casa del anciano, el anciano los estaba esperando afuera. Abre los brazos y sonríe.

"Bienvenida", dijo el anciano. "Me alegro de que estés aquí, Buttons".

"Estoy lista para aprender", dijo Buttons. Se inclinó ante el anciano, como era costumbre.

"Me alegro de que estés lista", dijo el anciano. "Empecemos,"

"¿Que necesito hacer?" preguntó Buttons.

"Debes conectarte con toda la naturaleza. Solo entonces podrás usar la naturaleza para hacer magia. Primero es el agua. El estanque al borde del pueblo es muy profundo. Tienes que nadar lo más lejos que puedas y esperar a que el agua te hable ".

"Está bien", dijo Buttons con confianza, pero estaba un poco nerviosa y asustada por dentro.

Todos fueron con Buttons al estanque. El agua era clara pero profunda, y apenas se podía ver el fondo del estanque.

"¿Puedo ir ahora?" preguntó Buttons.

"Sí", dijo el anciano.

Buttons se lanzó de cabeza al estanque y pateó sus piernas tan fuerte como pudo. Nadó más y más profundamente en el estanque hasta que el agua se oscureció. Movió los brazos para quedarse en el mismo lugar y escuchó.

No pasó nada. Durante mucho tiempo no pasó nada. Buttons estaba a punto de nadar de regreso a la superficie cuando vio un arco iris de colores. Vio ballenas nadando en el océano y cangrejos correteando por la arena. Había delfines saltando por el aire y peces arcoíris nadando dentro y fuera de las cuevas submarinas.

Cuando terminó la visión, Buttons nadó de regreso a la superficie.

"Lo vi", jadeó. "El agua me habló".

"Muy bien", dijo el anciano. "La magia te llegará pronto. A continuación, debes escuchar el susurro del aire. Escala la Montaña Mística y espera en la cima ".

Buttons tenía menos miedo por este. Bucear hasta el fondo de un estanque era un poco más aterrador que escalar una montaña, y se fue rápidamente para llegar a la cima.

Cuando llegó, estaba muy tranquilo. La cima de la montaña era rocosa y encontró un lugar para sentarse, pero no había viento para escuchar, ni siquiera un susurro.

Después de nadar en el estanque, Buttons estaba cansada y pronto se quedó dormida en la cima de la montaña. Mientras dormía, soñó que era un pájaro. Se elevó por el cielo, batiendo sus alas y viendo todo abajo. Fue mágico.

Cuando despertó, supo que no era un sueño y realmente había volado como un pájaro. Buttons corrió rápidamente montaña abajo y le dijo al anciano lo que había visto.

"Muy bien", dijo el anciano. "Lo siguiente es la tierra. Debes ir a la cueva oscura y profunda y enfrentar tus miedos ".

A Buttons no le gustó el sonido de esto, pero tenía mucha adrenalina bombeando a través de ella después de los dos primeros desafíos. Aunque tenía miedo de entrar en la cueva, lo hizo de todos modos.

"¿De qué tengo miedo aquí?" se preguntó Buttons a sí misma. Hizo esa pregunta una y otra vez mientras caminaba por las rocas, la cueva oscura se volvió cada vez más oscura.

"Le tengo miedo a lo desconocido", se respondió ella misma. "No sé qué hay aquí para tener miedo, y eso me asusta".

Tan pronto como lo dijo, la cueva se abrió y hubo luz. Salió de la cueva y descubrió que salía directamente al pueblo. El anciano estaba de pie esperándola.

"Ya casi estás terminando", dijo el anciano. "El fuego es el último elemento. Debes encontrar el fuego más caliente que puedas, extender la mano y tocarlo ".

De todos los desafíos, este fue el que más asustó a Buttons. No le gustaba la idea de estirar la mano para tocar el fuego. Siempre había tenido cuidado con el fuego y sabía que le quemaría la mano si lo tocaba.

Los Buttons registraron el pueblo en busca de fuego. Había muchas fogatas encendidas, pero eran tantas que era imposible encontrar la que estaba más caliente.

"No puede ser un simple incendio", dijo Buttons. "Debe ser algo más caliente que cualquier fuego".

El sol caía sobre ella y se quitó la capa, disfrutando de la fresca brisa. Fue entonces cuando se dio cuenta. Allí mismo había algo que era el fuego más caliente que podía imaginar.

¡El sol en el cielo!

Buttons se acercó al sol en el cielo, sintiendo el calor en su mano. Cuando alcanzó, el sol pareció alcanzarla y tocarla, pero no quemó. Podía sentir un calor dentro de ella, pero era un tipo diferente de calor.

El agua, el aire, la tierra y el fuego se combinaron y entraron en su cuerpo, llenándola con toda la magia de los elementos. Sabía que ahora era una elfa que podía hacer magia, y eso la hacía feliz más allá de sus sueños más salvajes.

## El animal más hermoso del mundo

El profesor Dinkletwang era profesor de animales. Todo el mundo sabe que un profesor de animales se llama profesor de animales, por lo que su nombre completo era Profesor de animales Dinkletwang.

Había pasado toda su vida estudiando animales, midiendo la longitud de las patas, contando el número de orejas, examinando si los animales sin alas podían volar, intentando montar cerdos, haciéndose amigo de los murciélagos, el tipo de cosas normales que hacen todos los profesores de animales.

Cuando cumplió noventa y nueve, había hecho todo lo que podía hacer un profesor de animales, todo excepto una cosa.

Mientras apagaba las noventa y nueve velas de su pastel, tuvo un pensamiento. Bueno, tenía dos pensamientos.

El primer pensamiento fue que solo había logrado apagar noventa y ocho velas en su pastel, y se tomó un segundo para apagar la vela restante para poder concentrarse en su segundo pensamiento.

Su segundo pensamiento fue que no había encontrado el animal más hermoso del mundo.

¡Todos los buenos profesores de animales, y también algunos malos, saben que hay un animal en el mundo que es más hermoso que cualquier otro que haya existido jamás!

Muchos profesores de animales han tratado de encontrar este hermoso animal, pero ninguno lo ha logrado. El profesor de animales Dinkletwang sabía que tenía que hacer esta última cosa antes de poder retirarse y descansar.

Entonces, en la tarde de su nonagésimo noveno cumpleaños, después de soplar todas las noventa y nueve velas, se puso de pie, empacó su equipo y herramientas, se llevó la mitad del pastel y se fue a buscar al animal más hermoso. en el mundo.

Su búsqueda lo llevó primero a América del Sur y al país de Perú. Allí había oído hablar mucho sobre animales hermosos, especialmente osos.

Rápidamente se puso a trabajar en busca de hermosos osos.

Miró a más de mil osos antes de encontrar uno que fuera prometedor. En ese momento, tenía muchos rasguños en las manos y la cara. Acercarse a los osos es algo peligroso.

El profesor de animales Dinkletwang vio al oso a lo lejos. Tenía el pelaje más hermoso que jamás había visto. Se acercó sigilosamente y tocó al oso en el hombro (por favor, nunca hagas esto). El oso se dio la vuelta y vio que no era un oso hermoso, sino un oso sencillo y de aspecto regular.

Claro, el pelaje era impresionante, pero el oso no. La búsqueda tenía que continuar.

El profesor de animales Dinkletwang fue a continuación a Escocia. No mucha gente lo sabe, pero el animal nacional de Escocia es el unicornio. Si pudiera encontrar un unicornio, seguramente sería la criatura más hermosa del mundo.

Cuando el profesor Dinkletwang llegó a Escocia, fue directamente a las tierras altas. Este era el lugar de las colinas del clan de los brezos, lagos profundos y criaturas místicas. Mientras vagaba por las colinas, podría haber jurado que podía escuchar el sonido de gaitas y tambores.

Los unicornios son criaturas difíciles de encontrar, y nadie había encontrado uno antes, pero el profesor de animales Dinkletwang estaba seguro de que podría encontrarlo. Buscó arriba y abajo y estaba a punto de darse por vencido cuando vio un cuerno dorado brillando a la luz de la luna.

Se acercó en silencio, solo se veía el cuerno sobre el afloramiento rocoso. Cuando lo alcanzó, saltó y encontró ...

... ¡Un rinoceronte!

Habló brevemente con el rinoceronte y descubrió que estaba perdido. Dio instrucciones al rinoceronte y decidió que la búsqueda de un unicornio había terminado. El cuerno había sido hermoso, pero el rinoceronte no era el animal más hermoso del mundo.

La siguiente parada del profesor de animales Dinkletwang fue Canadá. Había muchos animales grandes y hermosos en Canadá, y estaba casi seguro de que allí encontraría el animal más hermoso del mundo.

Cuando un alce se abalanzó sobre él, le sorprendió lo hermosas que eran las astas, pero la cara del alce no era muy hermosa, por lo que rápidamente dejó Canadá y se fue en busca de animales a otra parte.

La siguiente parada de su viaje fue Malawi. El profesor de animales Dinkletwang había escuchado el rumor de un pato muy atractivo que vivía en el país africano. Hacía mucho calor en Malawi, así que se puso un poco de protector solar adicional y salió en busca de este lindo pato.

No esperaba que hubiera tantos patos en Malawi, pero parece que Malawi era un punto de parada popular para los patos de todo el mundo en sus viajes hacia el norte y el sur. El profesor de animales Dinkletwang no podía estar seguro, pero estima que miró a más de un millón de patos en su búsqueda. Esto le llevó tres meses, y su cumpleaños número cien se acercó aún más.

Luego, se detuvo en seco. ¡Allí estaba! Un pato con una cola perfecta y dos hermosas patas. Lo había encontrado.

O eso pensaba él.

El pato se dio la vuelta y tenía el pico agrietado, faltaban plumas y una gran cicatriz en un ojo. El pato echó un vistazo al Profesor Animal Dinkletwang y cargó contra él. El profesor de animales Dinkletwang corrió lo más rápido que pudo y se dio cuenta de que no había encontrado el animal más hermoso del mundo.

Al salir de Malawi, alguien le habló de un pingüino muy lindo en la Antártida. Sabía que tenía que hacer de ese su próximo destino, pero primero necesitaba un descanso. Aún le faltaban dos meses para su cumpleaños, por lo que decidió pasar un mes descansando y un mes buscando al pingüino.

Cuando hubo descansado, el profesor de animales Dinkletwang voló en su propio avión a la Antártida. Aterrizó y se puso manos a la obra. Su descanso lo había vigorizado y estaba listo para encontrar este lindo pingüino.

Pero, no importa cuántos pingüinos miró, no pudo encontrar el que fuera más lindo que el resto. Comprobó y contó todos los pingüinos de la Antártida. Todos eran muy lindos, pero ninguno era el más hermoso del mundo.

Luego miró fijamente a un animal. Una gran foca yacía en el borde del hielo, a punto de sumergirse en el agua.

La foca miró al profesor de animales Dinkletwang y el profesor de animales Dinkletwang miró a la foca. Los ojos, la boca, todo el rostro era perfecto. El cuerpo también, el color, la tersura, la forma. Había encontrado el animal más hermoso del mundo.

La foca se volvió para sumergirse en el agua y el profesor de animales Dinkletwang casi le gritó que se detuviera. Entonces, vio la cola. Era la cola más fea que había visto en su vida. Este no era el animal que estaba buscando.

Era el día antes de su centésimo cumpleaños y decidió que era hora de irse a casa.

Al día siguiente, se sentó a la mesa de la cocina con sus amigos y familiares. El pastel se sentó frente a él y apagó las cien velas, todo al mismo tiempo. Pidió su deseo, el deseo que sabía que no se haría realidad.

Pero, el universo tenía ideas diferentes.

Cuando el profesor de animales Dinkletwang apagó las velas y pidió el deseo, vio a un animal extraño entrar en su jardín.

Era una foca, pato, oso, alce y unicornio a la vez. Era el más raro de todos los animales.

Tenía la cara y el cuerpo de una foca y estaba cubierto de piel de oso. En la parte superior de su cabeza había un cuerno de oro brillante y unas astas majestuosas. Tenía dos patas de pato y una cola de pato aleteando. Todo era perfecto.

El profesor de animales Dinkletwang se paró en la ventana de su cocina y observó al animal caminar por su jardín. Era la cosa más hermosa que jamás había visto.

La foca, pato, oso, alce y unicornio sonrió al Profesor Animal Dinkletwang. El profesor de animales Dinkletwang le devolvió la sonrisa.

Este era el mejor cumpleaños que había tenido y su vida finalmente estaba completa.

## La gran ballena azul

Las sirenas nadaban en grandes círculos.

Eran cuatro, tres hermanas y un hermano.

Primero vino la hermana mayor. Tenía una cola azul brillante que parecía más púrpura cuando nadaba hacia las profundidades más profundas del océano.

Luego vino otra hermana. Tenía una cola rosada, que se veía roja cuando estaba enojada. Ella no se enojaba muy a menudo.

El hermano tenía una cola verde y se veía más azul cuando el sol brillara a través del agua. Esto solo sucedió cuando estaba cerca de la superficie del agua.

La hermana menor tenía una cola plateada y brillaba dorada cuando estaba asustada o emocionada. Nadó lo más rápido que pudo para seguir el ritmo de sus hermanos.

"Vamos, Mira", gritó Kira, la hermana mayor. "La gran ballena azul te atrapará". Kira odiaba cuando su hermana menor nadaba tan lentamente. No quería tener que esperarla. Había juegos que jugar y cuevas que explorar, y no permitiría que nadie la frenara.

"Ya voy", gritó Mira. Miró hacia atrás, por si acaso la gran ballena azul estaba allí.

Nunca antes había visto a la gran ballena azul, pero sabía que era mejor no esperarla. La gran ballena azul, como su nombre sugiere, ¡era grande! Era tan grande que podía tragarte entero.

Mira había dudado de que realmente existiera tal cosa, pero tantas sirenas hablaban de ello que tenía que ser real. Siempre pensó que era un truco hacerla nadar más rápido o dormirse cuando era de noche, pero no fue así.

La gran ballena azul era real, Mira estaba segura de ello.

También sabía que le tenía mucho miedo. Les había preguntado a todos sus amigos acerca de eso, y todos dijeron exactamente lo mismo. La ballena era muy grande, lo suficientemente grande como para tragarse a cualquier sirena, y era muy azul, tan azul que era el azul más azul que jamás podrías ver.

Nadie había visto nunca a la gran ballena azul.

Había historias de algunas sirenas que lo habían visto, pero se las habían tragado enteras antes de que pudieran contarle a nadie.

Mira nadó tan rápido como pudo para alcanzar a sus hermanos y hermanas. Todos la amaban, pero no estaba segura de si acudirían a rescatarla si aparecía la gran ballena azul. Nadie quería enfrentarse a la gran ballena azul.

Alcanzó a su hermano y hermanas, y exploraron algunas cuevas oscuras en busca de hermosas perlas. No encontraron ninguno.

"La gran ballena azul debe habérselas comido", dijo Kiki, el hermano de Mira.

"¿De Verdad?" preguntó Mira.

"Jaja, no", admitió Kiki. "Solo bromeo. Pero, la gran ballena azul me dijo que tienes que ayudarme con mis quehaceres, o vendrá y te comerá ".

"Ahora, sé que estás bromeando", dijo Mira.

"No lo estoy", dijo Kiki.

"No deberías bromear sobre eso", dijo Mira. "Tal vez la gran ballena azul venga y te coma por hacer bromas sobre ella".

"¡Argh! ¡La gran ballena azul está detrás de ti! " gritó Kiki. Abrió los ojos de par en par con sorpresa y agitó la cola para alejarse.

"¡Yargh!" gritó Mira. Nadó tan rápido como pudo, saliendo de la cueva más rápido que nunca. Solo se detuvo cuando escuchó a su hermano reír. No había ninguna gran ballena azul detrás de ella.

"¡Eso no es divertido!" gritó Mira.

"Fue muy divertido", dijo Kiki.

"Voy a ir a buscar a esta ballena y traerla de regreso para que te coma", dijo Mira, y se marchó furiosa.

"Claro", se rió Kiki.

Mira se alejó nadando, con toda la intención de encontrar a la gran ballena azul y traerla de regreso para asustar a Kiki, pero comenzó a darse cuenta de lo tonto que era ese plan. Incluso si encontraba a la gran ballena azul, se la comería antes de que tuviera la oportunidad de hablar con ella.

Nadó y nadó, molesta con su hermano y su familia por hablar constantemente de la gran ballena azul. Siempre que hacía algo mal, hablaban de la gran ballena azul. O si querían que ella hiciera algo, hablarían de la gran bestia. Estaba empezando a pensar que realmente era algo inventado por padres y hermanos para asustar a las hermanitas.

Mira se detuvo. "¿Dónde estoy?" Nunca había estado tan profundo en el océano. Su cola se volvió un poco dorada.

Mira miró a su alrededor. Sabía de qué dirección había venido, por lo que podría llegar a casa fácilmente, pero no quería volver a casa todavía. Era tan azul aquí abajo, un azul más azul que nunca antes había visto. Se preguntó por qué era tan azul tan profundo en el océano. Trató de averiguar qué hacía que el agua fuera tan azul cuando de repente apareció un ojo en medio del azul.

El ojo parpadeó y Mira gritó. El azul comenzó a moverse y Mira pudo ver que no era el agua, era otra cosa. Estalló un gran estruendo. Mira gritó y volvió a sonar el estruendo. Ella gritó una vez más, y una boca se abrió, el estruendo llegó por tercera vez.

¡Era la gran ballena azul!

Mira intentó alejarse nadando, pero quedó atrapada en la corriente creada por la cola de ballena gigante. Se movía furiosamente, alejándose de ella.

"Espera, ¿me tienes miedo?" preguntó Mira.

"Por supuesto", tronó la ballena.

"¡Pero eres tan grande!" gritó Mira.

"Sí, pero eres tan pequeña", tronó la ballena. "Mira lo pequeña que eres".

"¡Mira lo grande que eres!" gritó Mira.

"¿Por qué da miedo ser grande?" preguntó la ballena.

"Porque no eres tan pequeño como yo. Eres enorme ", respondió Mira. "¿Por qué da miedo ser pequeño?"

"Porque no eres tan grande como yo. Eres diminuta ", respondió la ballena.

"Entonces, ¿los dos nos tenemos miedo el uno al otro?" preguntó Mira.

"Eso parece", dijo la ballena.

"Quizás los dos podamos no tener miedo. Sería lo mismo. Si ambos no estamos asustados, es lo mismo a que ambos estemos asustados ", dijo Mira.

"Está bien", dijo la ballena.

Ambos intentaron no tener miedo, y era mucho mejor que tener miedo.

"¿Que tan grande eres?" preguntó Mira.

"No tengo ni idea", dijo la ballena. "¿Qué tan pequeña eres? Apenas puedo verte ".

"No lo sé", respondió Mira. "Tamaño normal para una sirena".

"Soy de tamaño normal para una ballena", dijo la ballena.

"Ahora que lo hemos aclarado", dijo Mira. "¿Me ayudarías con algo?"

"Está bien", dijo la ballena.

Mira le contó a la ballena su plan, y ambos se rieron cuando pensaron en ello. Mira nadó tan rápido como pudo, y la ballena nadó más lento para que e pudiera seguirla. Se dirigían de regreso a su aldea, donde les daría a sus hermanos, a sus padres y a todos los demás el susto de su vida.

Mira se rió de nuevo y su cola se volvió dorada.

Por supuesto, cuando terminara de asustarlos, les mostraría que la gran ballena azul no era nada de lo que asustarse y que todos podían ser amigos.

"Oh, no puedo esperar para presentarte a mi familia", dijo la ballena. "Soy la ballena más pequeña del mundo".

## El juego de hockey

Era casi la hora del gran partido de hockey, y Sid nunca había estado más emocionado por nada en su vida. Había practicado casi todos los días este invierno y estaba listo para el torneo.

Mientras el sol se ponía en la distancia, Sid patinaba en la pequeña pista de su patio trasero. Su padre había construido el entorno de la pista hace años y lo inundaban todos los años para crear hielo fresco.

Años de jugar en su patio trasero realmente habían mejorado el juego de Sid, y era uno de los mejores jugadores del pueblo.

"Oye, ¿puedo unirme a ti?" Rob era el mejor amigo de Sid y vivía dos casas más abajo. Habían estado jugando en el mismo equipo desde que ambos podían patinar.

"¡Oh si!" gritó Sid. "Ponte los patines".

"¿Puedo jugar?" preguntó otra voz mientras Rob se sentaba en el pequeño banco al lado de la pista para atarse los patines.

"¡De ninguna manera!" gritó Sid. Miró hacia la puerta trasera para ver a su hermana pequeña parada allí con sus patines y su palo de hockey.

"Aw, ¿por qué no?" preguntó Nina.

"Esto es algo serio", dijo Sid. "Tenemos que practicar. No podemos permitir que una niña pequeña nos desanime ".

"No soy una niña, soy una jugadora de hockey seria", dijo Nina.

"¡Vete!" gritó Sid.

"¡Mamá!" Nina gritó. Corrió hacia adentro para encontrar a alguien que se sintiera más comprensivo con su deseo de jugar al hockey.

Cuando se hubo ido, Sid lanzó un tiro contra el poste de la portería y Rob saltó sobre el hielo, recuperó el disco y anotó el rebote.

"¡Si!" gritó Sid. "Seguro que vamos a ganar este torneo".

"Escuché que hay algunos equipos difíciles entrando", dijo Rob.

"Sí, pero apuesto a que no tienen jugadores estrella como nosotros", dijo Sid.

"¡De ninguna manera!" gritó Rob. "Somos los mejores jugadores de todos los tiempos".

Sid y Rob continuaron jugando mientras Nina miraba desde la ventana. Patinaron en grandes bucles con el disco y figuras de ocho. Se dispararon unos contra otros y pasaron el disco entre ellos antes de levantar el disco en la esquina superior. Terminaron su sesión con algunos uno a uno.

"¿Nos vemos mañana para el torneo?" preguntó Sid.

"¡Puedes apostar!" gritó Rob mientras caminaba de regreso a su casa.

Cuando Rob se levantó a la mañana siguiente, estaba emocionado. Bajó corriendo para desayunar, ya llevaba su equipo de hockey y se mofó de su desayuno lo más rápido posible.

"¡Apuesto a que tu equipo va a ganar!" dijo Nina en el desayuno.

"Oh, ¿qué sabes de hockey?" preguntó Sid. Estaba un poco nervioso por el torneo.

"Bueno, voy a estar apoyándote durante todo el torneo", dijo Nina.

"Sí, vamos a ganar", dijo Sid.

Terminó lo que le quedaba de tocino y huevos y recogió el resto de sus cosas. No debía estar en la arena hasta dentro de dos horas, pero quería ver llegar a los otros equipos, y sabía que Rob ya estaría allí también.

"Hola, Rob", dijo Sid cuando llegó allí. Dejó su bolso junto al de Rob.

"Aquí vienen", dijo Rob. "Escuché que los Pumas son el único equipo que tiene la oportunidad de vencernos".

"No, no hay posibilidad", dijo Sid.

Los dos muchachos esperaron pacientemente mientras los autobuses llegaban y los otros equipos de hockey descargaban. Los dos no sabían qué pensar de los otros equipos cuando entraron en la arena. Tendrían que esperar hasta que jugaran para tener una mejor idea.

Luego vinieron los pumas.

"¡Todas son chicas!" exclamó Rob.

"Esto va a ser muy fácil", dijo Sid.

Cuando llegó el resto de su equipo, también entraron a la arena y se prepararon. Hubo una práctica rápida antes de que comenzara el torneo. Había un round-robin para comenzar, y el equipo de Sid, las Águilas, se enfrentó primero a los Pumas.

Cuando Sid entró en la arena, pudo escuchar a su hermana animándolo. Cuando los Pumas los siguieron, hubo otro gran aplauso. Habían traído mucho apoyo con ellos.

Sid se alineó para el enfrentamiento inicial, con Rob a su izquierda. Los dos chicos se miraron y sonrieron. El disco se cayó y el disco le fue robado a Sid. Eso estaba bien, pronto lo recuperaría y les mostraría a todos lo que podía hacer.

Había solo un problema. Fue muy difícil recuperar el disco. Los Pumas no solo eran realmente buenos, sino que estaban haciendo movimientos que él no podía hacer y en los que ni siquiera había pensado.

Al final del primer período, Sid y su equipo estaban dos goles menos. Recuperaron un gol en el segundo período, pero perdieron tres más en el tercero. El juego terminó 5-1. Sid no podía creerlo, y él y Rob no hablaron mientras caminaban a casa para almorzar.

"Oye, no está mal para un grupo de chicos", dijo una voz desde atrás.

Sid y Rob se dieron la vuelta para ver a una de las chicas Puma parada detrás de ellos. Era su jugadora estrella y había marcado tres de los goles.

"Deja de molestarnos", dijo Sid.

"No te estoy tomando el pelo", dijo la chica. "Mi nombre es Flo. ¿Quieres practicar antes de tu próximo juego?"

"¿Qué, para que puedas ver nuestras tácticas?" preguntó Rob.

"Creo que ya vimos tus tácticas", dijo Flo. "En todo caso, quiero ayudarte a mejorar tu juego para que nos des un mayor desafío en la final".

"¿De verdad crees que llegaremos a la final?" preguntó Rob.

"¿Puedes mostrarme tu movimiento, el que te ayudó a marcar el último gol?" preguntó Sid.

"Claro", asintió Flo.

"Pero, ¿por qué nos ayudarías?" preguntó Sid.

"Ganar es divertido, pero convertirse en un mejor jugador es mucho más gratificante. No me importa si ganamos o perdemos, solo quiero que todo mi equipo mejore. Quiero que tu equipo también mejore. De eso se trata ganar".

Sid no estaba del todo convencido. Le encantaba tanto ganar, y estaba tan acostumbrado que no quería pensar en perder. Pero le gustó la idea de aprender algunos movimientos que no conocía.

Sid invitó a Flo a almorzar y después practicaron en su patio trasero. Rob se les unió después de terminar su almuerzo en un tiempo récord.

"Así", dijo Flo. Les mostró a los dos niños, una y otra vez, cómo realizar algunos de los movimientos. Practicaron toda la tarde y regresaron a la arena para los juegos de la noche.

Cuando Sid salió para el siguiente juego, pudo escuchar a su hermana animándolo de nuevo, y la saludó con la mano. Ella esbozó una amplia sonrisa y él hizo una nota para ayudarla con algunos de sus movimientos.

Sid y su equipo llegaron a la final después del susto inicial, y la final fue un juego más reñido contra los Pumas que en el primer juego.

Fue un partido duro, Sid consiguió dos goles, uno tras realizar la jugada que Flo le había enseñado. El partido se fue a la prórroga y el estadio estaba lleno. Todo el mundo animaba a ambos equipos.

Rob tuvo la oportunidad de anotar el gol de la victoria, pero se equivocó. Flo tomó el disco y le hizo un gran pase a su compañera de equipo. El disco se colocó en la parte posterior de la red y los Pumas ganaron.

Sid estaba triste por haber perdido, pero estaba emocionado de haber jugado en un juego tan grandioso. No podía esperar a volver a jugar el año que viene. Sabía que para entonces sería un jugador aún mejor.

## El oso que quería ser humano

Érase una vez un oso que quería ser humano. No quería ser un oso y no estaba feliz de serlo, así que decidió que iba a ser un humano.

Hizo todo lo que pudo para volverse más humano en lugar de parecer un oso. Todos sus amigos lo vieron cambiar la forma en que vivía, vestía ropa en lugar de solo su piel y decía cosas que no tenían sentido, al igual que muchos humanos parecen hacer.

Una mañana, se presentó a desayunar con sus amigos y vestía ropa humana normal, pero por supuesto, a todos los demás osos les parecían ridículos.

En lugar de su habitual pelaje glorioso, llevaba un par de jeans ajustados de color amarillo brillante, una camiseta con las palabras "no un oso" en el medio y un gran sombrero de flores. De pie, llevaba un par de botas grandes con los dedos abiertos.

"¿Qué llevas puesto?" preguntó su amigo.

"Ropa humana", dijo el oso.

"Se ven realmente raros", dijo otro amigo.

"Bueno, por supuesto que sí", dijo el oso. "La ropa humana se ve ridícula para otros osos, pero en realidad es un atuendo muy elegante en el mundo humano. Si caminara por la calle con esto, obtendría muchas miradas de admiración, te lo puedo garantizar ".

Los otros osos negaron con la cabeza y continuaron desayunando. El desayuno para los osos consistió en mucha miel. Tenían mucha miel almacenada en ollas grandes, y metían sus manos en sus ollas y sacaban grandes puñados pegajosos. Luego se metían la miel en la boca y se la pasaban por todo el pelaje.

Los osos observaron con asombro cómo su amigo tomaba una hoja grande y untaba miel sobre ella con un palito. Luego se comió la hoja cubierta de miel.

"¿Qué estás haciendo?" preguntaron los osos.

"Estoy desayunando", respondió el oso. "En el mundo humano, les gusta untar miel sobre tostadas. No tenemos tostadas, así que estoy usando una hoja. Y no tenemos un cuchillo para esparcir la miel, así que estoy usando un palito. Este es un desayuno muy sofisticado ".

Todos los osos observaron cómo la hoja se desplomaba bajo el peso de la miel, y su amigo todavía tenía miel por todo su pelaje y un poco en su gran sombrero floral.

"Bueno, es hora de ir y hacer cosas de oso", dijeron los osos.

"No para mí", dijo el oso. "Voy a ir a mi trabajo. He decidido trabajar como lo hacen los humanos ".

"¡Qué!" dijo uno de los osos. "¿Por qué trabajarías cuando ya tienes todo lo que necesitas?"

"Sí", dijo otro oso. "Tenemos miel y pescado y un bosque para jugar. ¿Qué más podrías necesitar?"

"No se trata de lo que necesito", dijo el oso mientras cambiaba su gran sombrero floral y pateaba sus botas. "Se trata de lo que quiero. Con el dinero que gano de mi trabajo, puedo permitirme comprar todo tipo de chucherías, cuadros, adornos y más ropa ".

"¿Qué vas a hacer con los adornos?" preguntó un oso.

"Míralos", dijo el oso del sombrero.

"¿Y qué hacen las pinturas?" preguntó otro oso.

"Se ven bien", dijo el oso.

"¿Más agradable que toda esta naturaleza que nos rodea?" preguntó el oso mayor.

"Bueno no." El oso tiró de su sombrero, esperando encontrar una respuesta. "Sólo diferente. A veces es bueno tener cosas diferentes. No sé para qué sirven; Solo sé que los humanos gastan su dinero en ellos y, si quiero ser como un humano, entonces debería gastar mi dinero en ellos también ".

"Está bien", dijeron los otros osos. Salieron a jugar al bosque y al río mientras el oso que quería ser humano se fue a su trabajo.

Este era su primer día de trabajo y estaba muy emocionado. No sabía qué esperar y había aceptado un trabajo en una peluquería. Nunca antes se había cortado el pelo, pero sabía que los humanos a menudo se cortan el suyo.

El cabello humano debe crecer muy rápido, pensó.

Cuando llegó a la peluquería, todos los demás empleados huyeron. Nunca habían visto un oso de cerca y estaban aterrorizados cuando el oso entró caminando. Se sorprendieron aún más al verlo con ropa, pero estaban demasiado ocupados huyendo para comprobar si el atuendo del oso era elegante o no.

El oso tuvo que admitir que no sabía todo lo que había que saber sobre los humanos, pero sí sabía que tenían criaturas extrañas, así que supuso que esta era una de las cosas raras que hacían.

Para parecerse más a un humano, se preparó una taza de café y se la bebió. Era la cosa más repugnante que jamás había probado y lo escupió todo. Tuvo que evitar vomitar. Probaría más café mañana.

Entraron algunos clientes y, al ver al oso, se escaparon con grandes gritos. El oso esperaba que alguien entrara pronto y se quedara. Si no se cortaba el pelo, no obtendría dinero y no podría comprar nada que no necesitara.

A las 4.30 pm, una anciana entró en la peluquería. Estaba casi ciega y no podía ver que el oso era un oso. Ella pensó que el oso era un peluquero muy peludo.

"Quiero lucir especial para mi cita de esta noche", dijo cuando se sentó. El oso no sabía qué hacer. Este era su primer día en el trabajo y no había sido entrenado en cómo cortar el cabello. Todo lo que sabía era que había que cortar el pelo.

"Si le cortan el pelo con tanta frecuencia, debe crecer muy rápido", pensó. Entonces, debería cortarlo todo.

El oso tomó las tijeras y cortó todo el cabello de la cabeza de la anciana. Tan pronto como terminó, la anciana gritó y salió corriendo de la peluquería. Gritó porque le habían cortado todo el pelo y no porque se lo hubiera cortado un oso.

Bear se fue a casa esa noche y no tenía dinero. Tampoco estaba más cerca de ser un humano.

"¿Cómo fue tu primer día como humano?" preguntó a los osos.

"Horrible", dijo el oso. "Pensé que sería fácil ser humano. Pensé que sería satisfactorio, pero no creo que esté hecho para ser humano. Ni siquiera podía durar un día en un trabajo humano, y todos me tenían miedo ".

"Eres un oso", dijo uno de los osos.

"Pero quiero ser un humano", dijo el oso.

"Los osos no están hechos para ser humanos", dijo el oso más viejo.

"Puede que tengas razón", dijo el oso. Se quitó el sombrero, la remera, los jeans y las botas. Ya se sentía mejor.

"Bien", dijo el viejo oso. "Osos y destinados a ser osos".

"¡Voy a ser un pájaro!" gritó el oso. "Solo necesito aprender a volar".

"¡Oh Dios!" exclamaron todos los osos juntos.

## El gran monstruo que no quiso romper cosas

Rupert se despertó de su sueño.

Su sueño no era como un sueño nocturno en el que te despiertas después de 8 o 9 horas y te sientes renovado, ni fue como después de una siesta en la que estás un poco atontado pero más descansado que antes, ninguno de estos, Rupert había estado dormido durante un mil años.

Rupert era un Goliat, un gran monstruo que se despierta una vez cada mil años por razones que nadie conoce.

Rupert, el Goliat, también se despertó bajo el agua. Ahí es donde se escondió antes de quedarse dormido, aunque no podía recordar qué había estado haciendo antes de quedarse dormido. Fue hace mucho tiempo. ¿Recordaría lo que había estado haciendo si hubiera dormido durante mil años?

Rupert estiró sus grandes brazos y vio que tenía grandes garras mortales en la punta de sus dedos. Pensó que se veía muy bien, y que lo ayudaría a defenderse si alguna vez lo atacaban.

También notó que tenía una cola grande que podía usarse para aplastar cosas si había algo que aplastar.

Para agregar a eso, tenía una boca grande con muchos dientes. Estaba seguro de que nadie jamás se metería con él. El esperó. No tenía idea de lo que le esperaba en el mundo. La última vez que estuvo despierto, había miles de humanos diminutos, pero le tenían miedo. Decidió que esta vez se haría amigo de ellos y los ayudaría. Eran tan pequeños e indefensos.

Cuando estuvo completamente despierto, Rupert, el gran monstruo, se dio cuenta de que respiraba bajo el agua, y pensó que eso también era genial.

"Bueno, es hora de ir a conocer gente", se dijo.

Rupert se movió lentamente por el agua, abriéndose paso a través de la corriente y sintiendo la arena moverse entre los dedos de sus pies. Sabía que se acercaba a la orilla cuando vio unos cimientos en el agua. Asomó la cabeza por encima de la superficie y vio un gran puente. Era casi tan alto como él.

Decidió permanecer bajo el agua hasta estar más cerca de la tierra.

Cuando finalmente salió del agua, vio una gran ciudad. En el tiempo que estuvo dormido, la gente había aprendido a construir edificios realmente altos y estaba impresionado con ellos. Definitivamente quería ver más de cerca algunos de los realmente grandes.

Al pisar la playa, pudo sentir el suelo temblando debajo. Miró a través de la ciudad y pudo ver que era casi tan alto como el edificio más grande, el que casi llegaba hasta las nubes.

Escuchó un ruido extraño.

Cuando Rupert miró hacia abajo, pudo ver a muchas personas diminutas corriendo y gritando, agitando las manos en el aire. Él le devolvió el saludo, feliz de que todos hubieran venido a saludarlo. Mientras los veía correr hacia la ciudad, supo que debían contarle a todos los demás sobre su llegada. No podía esperar para conocer a todos.

Mientras Rupert caminaba por la ciudad, tropezó con un automóvil y accidentalmente se subió a él. Casi se paró sobre otro, pero logró hacerse a un lado, justo a tiempo. Sin embargo, mientras trataba de estabilizarse, se agarró al edificio más cercano a él y sus garras lo atravesaron. El edificio se derrumbó frente a él.

"Ups", dijo Rupert. "¡No era mi intención romper eso!"

Miró hacia abajo y pudo ver a la gente gritando y agitando las manos en el aire.

Oh, bien, pensó, todavía están contentos de verme.

Rupert siguió caminando por la ciudad, haciendo todo lo posible por no romper nada más, pero era difícil ser tan grande y la gente había construido todo tan cerca. Llegó al centro de la ciudad sin dañar nada más.

Bueno, se paró en un autobús, pateó una fuente por error y accidentalmente se sentó en una biblioteca pero, aparte de eso, no dañó nada más.

Hasta que tropezó.

Estaba casi en el gran edificio cuando tropezó y cayó de cabeza. Creó un gran agujero en el medio del edificio. Cuando se puso de pie, se alegró de que el edificio no se hubiera derrumbado. Justo cuando pensaba eso, todo el edificio se derrumbó.

"¡Lo siento!" él gritó.

Estaba buscando a alguien a quien pedir perdón cuando vio algunos pájaros y mosquitos. Los golpeó con las manos, pero continuaron volando hacia él y picando. Los golpeó con las manos y logró atrapar a uno de los pájaros.

Cuando tuvo el pájaro en la mano, vio que no era un pájaro. Estaba hecho de metal y había personas pequeñas dentro. Se asustó tanto cuando vio las caritas adentro que casi deja caer el pájaro de metal.

Cuando se recompuso, puso el pájaro de metal en la parte superior de un edificio para que estuviera seguro. No tenía idea de por qué la gente querría estar tan alto en el cielo. Sería muy peligroso si cayeran.

Recogió todas las demás máquinas voladoras de metal y las dejó en el suelo. Estaba contento de estar ayudándolos.

Cuando dejó el último, retrocedió y destruyó otro edificio. Se sintió muy mal por eso y, mientras trataba de levantarse, destruyó dos más.

"¡Lo siento!" Rupert volvió a gritar. Odiaba ser tan torpe, pero también pensaba que la gente también tenía la culpa de construir todo tan cerca. ¿Qué se suponía que debía hacer?

Rupert saludó y sonrió. Muchos camiones y otros vehículos habían venido a recibirlo. Algunos tenían tubos grandes en la parte delantera y no podía esperar a ver qué salía de ellos. Mucha gente vestida de verde corrió junto a los vehículos y él sabía que esta debía ser su fiesta de bienvenida.

De repente hubo fuertes explosiones y explosiones.

Brillantes chispas volaron por el cielo y Rupert supo que le estaban montando un espectáculo.

Deben ser fuegos artificiales, pensó.

Había solo un problema. La gente debe haber cometido un error en alguna parte, porque todos los fuegos artificiales estaban dirigidos directamente hacia él. Eran hermosos cuando explotaron en grandes nubes de color rojo y naranja, pero no pudo apreciarlos del todo cuando explotaron tan cerca.

Decidió ayudarlos y apuntó a todos los vehículos grandes hacia el otro lado. Esto hizo que todas las personas vestidas de verde huyeran, y él no sabía por qué.

Rupert levantó los brazos en el aire con un gran bostezo, derribando accidentalmente una magnífica torre. Fue un trabajo agotador conocer a todas estas personas, y decidió que tomaría otra siesta.

Lentamente, regresó al agua y pudo ver a la gente saltando en celebración. Deben haber estado muy felices de conocerlo.

Rupert se despidió y accidentalmente destruyó cuatro edificios más. En su camino de regreso al agua, destruyó veinte más. Deseaba no estar tan cansado y poder ayudar a reconstruir parte del daño accidental.

Cuando volvió al agua, encontró su lugar para dormir y decidió dormir otros mil años. No podía esperar a despertarse y conocer a más personas.

"Buenas noches", gorjeó Rupert.

## Las carreras de escobas

No mucha gente lo sabe, pero todos los años, en el reino de las brujas, hay un evento como ningún otro.

Claro, hay duelos de magos y concursos de fabricación de pociones, pero ninguno es tan disputado como las carreras de escobas.

Cada año, miles de brujas vienen de todas partes para competir, y solo una bruja puede ganar. Este año, Martha Wartnose entraba por primera vez. Muchos niños participaban en las carreras de escobas todos los años, pero ninguno había ganado.

A los seis años, Martha era la bruja más joven en participar en las carreras de escobas.

"Mamá, ¿dónde está mi escoba?" gritó Martha desde su habitación. No había tenido un buen comienzo. Las brujas necesitaban un palo de escoba para participar en las carreras y, si Martha hubiera perdido el suyo, lo que hacía a menudo, no tendría nada con lo que correr.

"¿Está debajo de tu cama?" gritó su madre.

Martha miró debajo de su cama y allí estaba, su Pineflame 4000. No estaba segura de cómo se había metido debajo de su cama, pero estaba contenta de tenerla de vuelta.

Se puso su sombrero de bruja, sus largas túnicas negras (las que tienen las estrellas plateadas), tomó su escoba y encontró a su gatito negro. El gatito se sentaba en su escoba mientras la montaba. Martha estaba segura de que le traería buena suerte.

Cuando Martha bajó las escaleras, su madre, que también era bruja, había terminado de preparar el desayuno.

"Te hice una poción de la suerte", dijo su madre.

Martha bebió el líquido marrón. No era realmente una poción de la suerte, era leche con chocolate, pero era divertido fingir.

"Come tu estofado de desayuno", dijo la madre de Martha.

Martha se lo comió todo. Tenía muchas ancas de rana, y eso significaba que estaba lleno de proteínas, algo que le daría buena energía durante las carreras de escobas.

"¿Estás emocionada por las carreras?" preguntó su madre.

"¡Oh si!" gritó Martha. "¿Crees que tengo posibilidades de ganar?"

"Hmm", dijo su madre. "Una niña nunca ha ganado antes, pero supongo que todo es posible".

"Voy a ganar", soñó Martha.

Después del desayuno, tomó su escoba y salió corriendo de la casa.

"¡Nos vemos en el hipódromo!" gritó su madre detrás de ella.

Martha corrió todo el camino hasta el enorme estadio. No quería montar su escoba allí en caso de que la dañara por error. Quería que todo fuera perfecto para la primera carrera. Cuando llegó al estadio, pudo escuchar los vítores de todos los espectadores. El estadio ya estaba casi lleno, y los vítores eran tan fuertes que podía escucharlos a kilómetros de distancia.

Cuando Martha se acercó, pudo ver grandes chispas volando hacia el cielo. Parecían fuegos artificiales y, en cierto modo, lo eran. Las brujas usaban sus varitas para enviar chispas multicolores hacia el cielo mientras los competidores corrían.

Dentro del estadio, Martha podía ver la gran pista de carreras, y ya había brujas dando vueltas y vueltas por ella.

Las carreras de escobas eran un deporte peligroso, y había muchos médicos brujos al lado de la pista para tratar a cualquiera que se cayera de la escoba, lo que sucedía con bastante frecuencia. A menudo reparaban huesos rotos. Cuando eres una bruja con un hueso roto, puedes curarlo rápidamente con un hechizo mágico y solo tienes unos segundos de dolor.

Martha vio a una bruja caer y girar al suelo. Los médicos corrieron y realizaron sus hechizos. La bruja pronto volvió a ponerse de pie, como nueva, pero ya no podía correr, y regresó al área de espectadores.

"Hola", dijo Martha cuando llegó a la cabina de entrada.

"Hola, brujita", dijo el asistente. "¿Estás buscando las orejas de cerdo fritas?"

"No, estoy lista para correr", dijo Martha.

"Oh", dijo el asistente. "¿Nombre por favor?"

"Martha Wartnose".

"¿Estás compitiendo en las carreras de adultos?" preguntó el asistente con algo de sorpresa en su voz ".

"Lo estoy", dijo Martha. Podría haber competido en las carreras de niños, pero quería ganar el caldero dorado, no golosinas como ojos de tritón o alas de murciélago. Esos fueron los premios entregados para las carreras de niños, pero Martha tenía el ojo puesto en el caldero dorado y toda la fama que lo acompañaba.

Cuando finalmente se alineó para las carreras, había algunos otros niños alineados en las clasificatorias. Pero ella todavía era la más joven.

Este primer clasificatorio tuvo que ver con la velocidad. Cada bruja tenía que correr alrededor del campo cien veces, yendo tan rápido como podían. Las brujas que no llegaran a tiempo quedarían fuera de la competencia.

La bruja principal hizo sonar la explosión y las brujas salieron. Martha no podía seguir el ritmo de las brujas al frente, pero no estaba cerca de la parte trasera de la manada. Empujó su Pineflame 4000 tan rápido como pudo, mientras su pequeño gatito negro se aferraba a la espalda.

Cuando Martha cruzó la línea de meta, había hecho el corte por un minuto completo. Martha estaba muy contenta con esto y no podía esperar a la próxima clasificación.

Esta llegó bastante pronto, y estaba alineada de nuevo. Todavía había algunos niños alineados con ella, pero no tantos como antes, y ella todavía era la más joven. Esta carrera fue una carrera de obstáculos.

La rana croó y comenzó la carrera. Martha corrió tan rápido como pudo, usando su pequeño tamaño para serpentear entre obstáculos y corredores. Todavía no había contacto, solo tenía que correr a través de todos los obstáculos que pudiera, tan rápido como pudo.

Martha rodó sobre su escoba, volando a través de un círculo dorado en el cielo. Lo comprobó, y su gatito todavía estaba en la parte de atrás de la escoba. Esquivó debajo de un gran tronco de árbol, entró y salió a los peces mordedores mientras intentaban agarrarle los dedos de los pies, y atravesó el gran bosque oscuro.

Cuando llegó al final de la carrera, estaba lejos de ocupar el primer lugar en las clasificatorias, pero su tiempo había sido bastante bueno y había llegado a la primera carrera real. Miles de brujas habían sido eliminadas de la competencia, pero aún quedaban miles.

Cuando Martha se alineó para la carrera, solo había otro niño en la competencia. Parecía ser unos años mayor que Martha.

"¿Estás listo?" preguntó Martha a su gatito. El gatito estaba agarrado para salvar su vida y no parecía listo.

Se disparó un gran cañón y las brujas despegaron. Esta carrera sería diferente. Debes ser rápido y también debes esquivar obstáculos. Esta carrera también fue de contacto total. Podrías encontrarte con otras brujas para intentar tirarlas de sus escobas.

Martha volvió a usar su tamaño a su favor, esquivando a cualquiera que intentara chocar con ella, pero solo pudo hacerlo durante un tiempo.

Una bruja chocó contra ella y se las arregló para quedarse en la escoba. Otro vino del otro lado, y Martha cayó, agarrándose a la escoba con las manos y colgando de allí. Se produjo un tercer golpe y se cayó de la escoba.

Cuando golpeó el suelo, había tanta emoción recorriéndola que no supo si había sido herida o no. Las brujas médicas vinieron y repararon algunos huesos rotos, pero Martha no sintió dolor, solo sintió felicidad.

Martha era la competidora más joven en llegar tan lejos y ya estaba planeando cómo podría hacerlo mejor el próximo año.

Las carreras de escobas eran casi imposibles de ganar para un niño, pero Martha iba a intentarlo de nuevo el próximo año cuando tuviera siete años y un día, ganaría el caldero dorado.

## La salchicha tonta

Sid era una salchicha tonta.

No sabía que era una salchicha tonta, y nunca sabría que era una salchicha tonta, porque las salchichas no tienen los cerebros más grandes y no son muy buenas para pensar en las cosas.

Hay quienes dicen que las salchichas ni siquiera tienen cerebro, pero dejaremos que tú juzgues eso.

Esta es la historia de Sid. Al final, puedes decidir si Sid es una salchicha tonta o no.

Todo empezó, como todas las buenas historias de salchichas, en un plato.

Sid había sido cocinado y estaba acostado en un plato junto a su hermano y hermana, que también eran salchichas. Su cabeza descansaba sobre una pila de frijoles horneados y podía sentir el brócoli en los dedos de los pies, aunque las salchichas no tienen dedos.

"¿Qué estamos haciendo aquí?" preguntó Sid.

"Estamos esperando que nos coman", dijo su hermana.

"Shh", dijo su hermano.

"No quiero que me coman", dijo Sid.

"Somos salchichas, eso es lo que hacemos", dijo su hermana.

"Shh", dijo su hermano.

"Ojalá nos hubieran convertido en un buen guiso o al horno", dijo su hermana.

"No quiero que me coman", repitió Sid.

"Shh", dijo su hermano.

Sid no iba a tolerar esto, así que decidió actuar. En lugar de sentarse en el plato y esperar a que alguien viniera y se lo comiera, a pesar de lo atractivo que parecía, decidió irse y explorar el mundo. Entonces, Sid reunió (no mostaza) toda su energía y salió del plato.

Rodó por la mesa del comedor, pasó la sal y la pimienta, se salió del borde y cayó al suelo de la cocina con un ruido sordo. Cuando la familia vino a la mesa a comer esa noche, uno de ellos comió una salchicha menos, aunque no se dieron cuenta. Sin embargo, sí notaron un rastro de salsa desde la mesa de la cocina hasta la puerta trasera.

Sid estaba libre y se embarcó en su aventura. Esa aventura casi terminó tan pronto como comenzó. Tan pronto como estuvo afuera, un pájaro se abalanzó y trató de agarrarlo. Habría sido picoteado hasta la muerte si el gato no hubiera aparecido en el último momento. El gato ahuyentó al pájaro.

Sid estaba agradecido hasta que el gato se dio la vuelta y fue por él. No pudo rodar lo suficientemente rápido, pero afortunadamente apareció un perro justo a tiempo para asustar al gato. Sid estaba muy agradecido por eso hasta que el perro se volvió y se lamió los labios. Sid intentó alejarse rodando de nuevo, pero no fue lo suficientemente rápido.

Lo habrían matado a mordiscos si no fuera por la niña que vino y ahuyentó al perro. Sid pensó que ahora tendría que alejarse de la niña, pero ella simplemente le sonrió y saludó.

"¡Ve salchicha! ¡Ve y ten una aventura! " gritó la niña.

Sid sonrió y siguió rodando. No estaba seguro de adónde iba a ir, o si había algún lugar adonde ir, pero decidió ir de todos modos. Rodó por el amplio césped y, cuando llegó al otro lado, estaba cubierto de hierba. Se sacudió para quitar un poco de hierba y pensó en lo que vendría después.

Estaba seguro de que se había criado en una granja, pero no recordaba mucho de su infancia. Durante parte de su vida, había vivido en una tienda de comestibles con muchas otras salchichas, y ese había sido un momento divertido.

Por primera vez en su vida, Sid no sabía lo que se suponía que debía hacer. Siempre había sido una salchicha, y eso significaba que lo comerían, pero había tanto que hacer antes de que lo comieran.

Se alegró de estar en un terreno más firme. El césped había sido difícil de cruzar, y se le había pegado tanta hierba. Rodó por el suelo plano y escuchó un ruido sordo.

¡Uy!

Había visto coches antes, pero no sabía que eran tan rápidos. Incluso había viajado en un camión una vez. Eso había sido divertido, pero no fue muy divertido tener vehículos a punto de aplastarlo. Esto era más peligroso que enfrentarse al pájaro, al gato y al perro.

Si lo aplastaban, nunca lo comerían y nunca lograría su propósito en la vida. Sería el sueño de toda salchicha. Sid quería que se lo comieran, pero quería hacer mucho más antes de eso. Simplemente no sabía lo que quería hacer.

Los coches venían de ambas direcciones. Sid lo esquivó, rodando de izquierda a derecha. Un autobús pasó zumbando junto a su cabeza. Otro camión lo perdió por poco. Sid fue rápido, pero los vehículos lo fueron más. Casi lo cruzó cuando una motocicleta alcanzó el borde de Sid. Su extremo fue aplastado, cojeó y rodó hacia el costado del camino.

Estaba dolorido, pero estaba vivo, y eso es todo lo que puede pedir una salchicha.

Sid sabía que pronto tendría que hacer algo si quería hacer una diferencia. No le quedaba mucho tiempo de vida, la vida de una salchicha es bastante corta y todavía quería que se lo comieran. Temía pensar que no lograría nada y luego no sería devorado. Ese es el peor destino que le puede ocurrir a cualquier salchicha.

Mientras Sid pensaba eso, una rata lo atacó. Le mordió el cuerpo, casi destrozándolo. Hizo todo lo posible por rodar hacia el edificio más cercano. Llegó a los escalones, la rata pisándole los talones (aunque las salchichas no tienen talones). Sid subió los dos primeros escalones y la rata lo siguió. Hizo el tercero, pero la rata todavía estaba allí.

Las puertas corredizas se abrieron y Sid entró. La rata corrió tan rápido como pudo y estaba a una pulgada de Sid cuando las puertas corredizas se cerraron. La rata se estrelló contra el cristal y rebotó. Sid se rió. Las salchichas pueden reír y suena como el chisporroteo de las salchichas fritas en una sartén.

Sid suspiró aliviado y fue levantado del suelo. Pensó que se había escapado, pero un joven lo sacó de la seguridad del suelo. Sabía que lo iban a comer o tirar. Todo esto por nada. Excepto que el hombre no lo tiró ni se lo comió. Lo llevó a su reunión.

La gran cámara tenía a todos los líderes de todos los países del mundo.

"Estamos en un punto muerto", dijo uno.

"Nunca vamos a resolver esto", dijo otro.

"Tengo un plan", dijo el joven. "Escucharemos esta salchicha". Levantó la salchicha en el aire.

"Bueno, salchicha, ¿cómo vamos a lograr la paz mundial?" preguntó una mujer.

"Deja de hacer cosas malas y come más salchichas", dijo Sid.

Todos aplaudieron y aceptaron la paz mundial y comer más salchichas.

"¡Oye! ¡Oye! ¡Despierta!" gritó la hermana de Sid. "Es la hora de la cena".

Sid abrió los ojos y miró alrededor de la cocina. Todavía estaba en el plato y la familia en la mesa estaba lista para comer.

"Acabo de tener el sueño más asombroso", dijo Sid.

"Shh", dijo su hermano.

Entonces, Sid fue devorado.

## Los catorce osos

Todo el mundo conoce la historia de Ricitos de Oro y los tres osos. Muchos niños conocen a la niña que se cuela en una casa y prueba unas gachas, se sienta en unas sillas y duerme en algunas camas. Cuando los osos la encuentran, ella huye.

Ahora, la mayoría de la gente está del lado de Ricitos de Oro en esta historia, pero eso es solo porque ella es una niña linda y los osos son feroces. Usted también lo estaría si alguien irrumpiera en su casa, comiera su comida y durmiera en su cama.

Hay otra razón por la que Ricitos de Oro es la heroína de la historia, y es porque omitió muchos de los problemas que causó. Verá, ella no causó problemas a solo tres osos, causó muchos problemas a catorce osos.

Cuando escuche la historia real, se preguntará por qué Ricitos de Oro no está en la cárcel.

Todo comenzó con Ricitos de Oro explorando el bosque. Nadie sabe realmente qué estaba haciendo ella sola, especialmente cuando hay osos viviendo en el bosque, pero a veces hay misterios en la vida que no se pueden resolver.

Habría estado bien si hubiera continuado con su paseo y caminando por el bosque hasta donde fuera, pero estaba cansada y hambrienta. Bueno, Ricitos de Oro afirmó que estaba cansada y hambrienta, hay algunas personas que piensan que esta niña es una alborotadora nativa y que sabía exactamente lo que estaba haciendo cuando entró al bosque.

En cuanto a los osos, estaban haciendo lo que normalmente hacen los osos. Papá oso había hecho una olla grande de avena, una olla extragrande de gachas, ya que tenía catorce osos para alimentar, incluido él mismo.

Si alguna vez ha hecho papilla, entonces sabe que hace mucho calor y debe dejarla enfriar antes de comerla o agregar un poco de leche fría. Bueno, a los osos se les acabó la leche, así que decidieron dar un paseo y dejar enfriar un poco la papilla.

Pensaron que la papilla estaría segura en la mesa de la cocina. Pensaron mal. Los osos fueron a dar un paseo, y fue entonces cuando Ricitos de Oro pasó.

Debió haber olido las gachas y entrar en la casa sin siquiera pensar en quién vivía allí y si estaba invadiendo o no. Los osos ahora cierran su puerta cuando salen de su casa, pero no lo hicieron en ese entonces. El vecindario siempre había sido seguro. A salvo hasta que Ricitos de Oro llegó y comenzó a causar daños.

Ricitos de Oro fue directamente a la cocina y encontró los catorce tazones de avena en la mesa. Probó el primero, pero estaba demasiado caliente. El segundo estaba demasiado frío. Pero, el tercero ... también estaba demasiado caliente. Los tres siguientes estaban demasiado calientes y el siguiente tenía demasiados bultos. No le gustó uno de los tazones y evitó servir con la cuchara sucia. Probó doce cucharadas de avena antes de encontrar una que tuviera la temperatura adecuada.

Se comió todo el tazón de avena.

Ahora, después de doce cucharadas de avena y un tazón entero, Ricitos de Oro necesitaba un lugar para sentarse. En lugar de sentarse a la mesa de la cocina, decidió probar los sillones de la sala de estar.

La primera silla era demasiado grande. El segundo era demasiado alto. El tercero fue duro. El cuarto tenía demasiados bultos. El quinto fue demasiado suave. El sexto era demasiado ancho. El séptimo era demasiado colorido. El octavo fue demasiado aburrido. El noveno fue demasiado grande. El décimo era increíblemente pequeño. El undécimo estaba demasiado inclinado. El duodécimo era demasiado plano. El decimotercer fue demasiado incómodo. Pero el decimocuarto ... también era demasiado grande.

Entonces, Ricitos de Oro decidió buscar una cama para dormir.

¿Puedes ceerlo? Probó con catorce sillas, y ninguna fue de su agrado. ¿Qué clase de niña era ella? Y, no solo se comió muchas de sus gachas (uno de los osos iba a pasar hambre ese día), sino que también iba a dormir en sus camas. Ella no estaba siendo una muy buena invitada, ni tampoco estaba segura. ¿Quién va a dormir la siesta en una casa que tiene catorce osos?

De todos modos, Ricitos de Oro fue al dormitorio y encontró tres camas. Había tres más en el segundo dormitorio, cuatro en otro y una cama en el último dormitorio. Algunos de los osos compartían camas.

Ricitos de oro fue a la primera cama y se subió a ella. ¿Adivina qué? Fue muy cómodo. Las camas de los osos son bastante similares a las de los humanos, y Ricitos de Oro se durmió profundamente casi de inmediato.

Cuando se despertó, solo había estado durmiendo durante diez minutos y se sentía muy refrescada. Los osos aún no estaban en casa.

Después de comer tanta avena, Ricitos de Oro necesitaba ir al baño. Tú también lo harías si hubieras comido tanta avena.

Ricitos de Oro usaba el inodoro para osos, que era exactamente igual que un inodoro humano, y solo había uno de ellos. Después, se secó y se sonrojó. Usó demasiado papel higiénico y el agua subió a la taza.

Trató de hundir el inodoro, pero eso solo lo empeoró. El agua se derramó en el baño y comenzó a inundar la casa. Ricitos de Oro cerró la puerta del baño y esperaba que el problema desapareciera.

En este punto, se sentía un poco mal por el daño que había causado. Sabía que no debería haber comido la papilla y trató de hacer una segunda tanda para compensarla. Quemó ese lote y activó la alarma de humo.

Entonces, tomó una cucharada de avena de cada tazón y llenó el único tazón vacío. Mientras hacía eso, golpeó la mesa de la cocina y todo se vino abajo. Ricitos de Oro cerró la puerta de la cocina y esperaba que el problema desapareciera.

Solo había una cosa que hacer, y era huir. Ricitos de Oro salió corriendo de la casa, vigilados por catorce osos. Todos se preguntaron qué estaba haciendo en su casa y concluyeron que debió perderse.

"Hora de las gachas de avena" dijo papá oso. Sabía que había pasado suficiente tiempo para que la papilla se enfriara lo suficiente para comer. Estaba emocionado de probar su nueva receta. Su secreto era canela extra.

Cuando todos entraron, parecía que las sillas estaban sentadas, pero eso no fue gran cosa.

"¿Por qué está cerrada la puerta de la cocina?" preguntó el oso más joven.

"¿Por qué está cerrada la puerta del baño?" preguntó el segundo oso más joven.

Al mismo tiempo, ambos abrieron las puertas.

De uno salió una cascada de agua del inodoro. Del otro vino un río de gachas. Los dos se combinaron en la sala de estar para formar una papilla aguada con trozos de papel higiénico. Los osos fueron arrastrados fuera de su casa y en el jardín. Papá oso no pudo probar su nueva receta.

Después de eso, los osos decidieron moverse. Simplemente ya no era un vecindario seguro. No podrían vivir en un lugar donde las niñas pequeñas pudieran entrar a su casa y hacer tanto daño. Entonces, todos se mudaron a Suecia, donde vivieron felices para siempre.

En cuanto a Ricitos de Oro, continuó causando daños dondequiera que fuera. Ella molestó a una familia de lobos en un bosque e incluso convenció a todos de que uno se había comido a su abuela. Cuando creció, se convirtió en política y causó aún más daños en todo el mundo.

## La princesa y el príncipe

Érase una vez una hermosa princesa.

Era conocida en todo el país por su belleza. La belleza no provenía solo de su apariencia, sino también de su carácter y de cómo actuaba. Todos los que conocieron a la princesa se enamoraron de ella.

La princesa había soñado desde que era una niña con casarse con un apuesto príncipe, formar su propia familia y dirigir su propio reino. La princesa Arabella era una hermosa princesa.

Incluso su nombre era hermoso.

"Princesa Arabella", dijo la reina.

"Sí, madre", respondió la princesa Arabella.

"Tengo buenas noticias para ti", dijo la reina.

"¿Qué pasa, madre?" preguntó la princesa Arabella.

"Hemos encontrado un príncipe apuesto para casarte", dijo la reina.

"Oh, bien", dijo la princesa Arabella. Ella sonrió con una amplia sonrisa, todos sus sueños se estaban haciendo realidad. Cuando la princesa Arabella sonrió, todo su rostro se iluminó y si alguien estaba cerca de ella, no podrían evitar sonreír también.

La princesa Arabella tenía los dientes blancos más perfectos. Todos estaban alineados exactamente y tenían el tamaño perfecto para sonreír. También tenía una nariz de botón que era tan linda como cualquier nariz que el reino hubiera visto jamás, labios rojo rubí que eran naturalmente rojo rubí y penetrantes ojos verdes que podían ver dentro de tu alma.

De hecho, sus ojos eran tan penetrantes que la gente no podía mentirle. Si alguna vez hablaras con la princesa, esos ojos verían más allá de tus mentiras y solo podrías decir la verdad. Esta era una habilidad valiosa para una princesa.

"¿Cuándo llegará el príncipe?" preguntó la princesa Arabella con mucha gracia.

"Mañana", dijo la reina.

"Perfecto", dijo la princesa Arabella.

"Por ahora, necesitamos cepillar tu cabello mil veces para prepararnos", dijo la reina.

"Estaba a punto de sugerir eso", dijo la princesa Arabella.

Todas las noches, la reina cepillaba el cabello de la princesa Arabella mil veces para darle más brillo. La princesa Arabella tenía finos mechones de cabello rojo, el color que tendría el óxido rubí si los rubíes alguna vez se oxidaran (lo cual no es así).

La reina se acercó a la cama de la princesa y le cepilló el pelo mil veces. Cuando terminó, el cabello de la princesa se veía más elegante que nunca, lo cual era, ya que su cabello se volvía más hermoso cada día.

La princesa yacía en su cama esa noche y soñaba con el apuesto príncipe que pronto vendría a casarse con ella. Todos sus sueños estaban a punto de hacerse realidad e iba a vivir feliz para siempre.

"Eso espero", murmuró la princesa mientras se dormía. "Espero que no le ocurra una gran tragedia como el ataque de un dragón, una guerra sorpresa o un suceso misterioso durante la noche.

La princesa se durmió y soñó con cosas muy hermosas. Cuando se despertó a la mañana siguiente, se sintió renovada y feliz de estar viva.

Toc, toc, toc.

"Adelante", dijo la princesa Arabella.

El padre de la princesa Arabella, el rey, entró en la habitación. Era un hombre corpulento con grandes hombros cuadrados y llevaba una gran corona sobre la cabeza. También tenía un gran bigote ajetreado que siempre le hacía cosquillas en la nariz.

"Buenos días, padre", dijo la princesa Arabella. "Espero que traigas buenas noticias. Hay un ceño fruncido en tu rostro. ¿Le pasó algo al príncipe durante la noche? ¿Fue capturado por un dragón, o capturado en una guerra sorpresa, o sucedió algo más misterioso?

"No," dijo el rey. "No, está bien y llegará pronto. No le pasó nada malo al príncipe, y estoy seguro de que no pasará nada ".

"Oh, bien", dijo la princesa Arabella. "Entonces, ¿por qué frunces el ceño, padre?"

"Porque pronto te casarás", dijo el rey.

"Pero eso es motivo de celebración", dijo la princesa Arabella.

"Lo es", admitió el rey, "pero ¿qué voy a hacer sin ti?"

"¿Qué quieres decir, padre?" preguntó la princesa Arabella.

"Te necesitan por aquí", dijo el rey.

"Estarás bien", dijo la princesa Arabella.

"Bueno, ¿quién hará todo nuestro trabajo de caridad, cuidará de los animales y cuidará de la gente común?" preguntó el rey.

"Hmm", dijo la princesa Arabella.

Aquí era donde estaba la verdadera belleza de la princesa Arabella. Era una persona muy hermosa a la vista, pero a quién le importa la belleza física si alguien no es hermoso por dentro. La princesa Arabella era muy hermosa por dentro.

Arabella hizo todo el trabajo de caridad en el castillo. Ella dirigía el comedor de beneficencia, aunque rara vez servían sopa allí. Sirvieron jabalí asado, tofu como sustituto de la carne, patatas asadas, salsa y muchas verduras. Si la gente no tenía suficiente dinero para comprar comida, podían ir al castillo y Arabella les serviría comida gratis.

Arabella también se ocupó de los caballos reales, cepilló sus crines, les dio de comer la mejor avena, los montó y se aseguró de que tuvieran mucho heno. También se hizo cargo de los conejos en el castillo y se aseguró de que nunca mataran mariquitas.

También era una de las favoritas entre la gente común. No muchas princesas visitarían a la gente común, pero la princesa Arabella sí. Nada amaba más que visitar a todas las personas del reino y jugar juegos de mesa con ellas.

La princesa Arabella también era la persona más amable de todo el reino. Siempre tenía una palabra amable, se detenía y hablaba con todo el mundo, haciendo tiempo para conocer la vida de las personas y recordando siempre los pequeños detalles. Era conocida por su bondad en todas las tierras y probablemente hasta los confines del mundo.

"Padre, estarás bien", dijo la princesa Arabella. "Eres un rey bueno y sabio, y te visitaré para asegurarme de que no te hayas perdido".

"¿Realmente vas a visitar?" preguntó el rey.

"Por supuesto", dijo la princesa Arabella.

Esto hizo que el rey se sintiera mucho mejor. "Vamos, hora de salir de la cama. El Príncipe llegará pronto y estoy seguro de que estás emocionada de conocerlo ".

"Muy emocionada", dijo la princesa Arabella.

El rey salió de su habitación y la princesa Arabella se preparó. Se lavó la cara, se cepilló los dientes, se peinó y se puso su mejor vestido. Cuando se reunió con su madre y su padre en el patio, se veía más radiante y hermosa que nunca. Incluso llevaba su tiara especial, la que tenía casi cien esmeraldas.

Cuando llegó el príncipe, la princesa Arabella pudo ver lo guapo que era. Tenía una figura elegante con su largo cabello castaño, su capa impecable y su caballo blanco como la nieve. Mientras galopaba hacia los terrenos del castillo, parecía elegante y fuerte.

Su caballo se detuvo frente a la princesa Arabella, y la princesa Arabella hizo una reverencia. El príncipe saltó del caballo y aterrizó sin hacer ruido en el duro suelo. Mostró una sonrisa deslumbrante y miró a la princesa con sus hermosos ojos castaños.

"Bienvenido", dijo la princesa Arabella. Podía sentir mariposas en su estómago. Ella acababa de conocer al príncipe, pero ya estaba soñando con pasar su vida con él.

"Gracias princesa. No puedo esperar hasta que nos casemos y podamos vivir felices para siempre ", dijo el Príncipe.

"Yo también", dijo la princesa Arabella.

"Nos casaremos hoy en la cima de la colina y, después, te llevaré a tomar un helado", dijo el príncipe.

"Me encanta el helado", dijo la princesa Arabella. "Mi sabor favorito es la menta con chispas de chocolate. ¿Lo que es tuyo?"

"Mi sabor favorito es el ron y las pasas", dijo el príncipe.

"¡Ron y pasas!" exclamó la princesa Arabella. Casi vomita pensando en eso. "Oh, no, no puedo casarme con este hombre".

La princesa Arabella volvió corriendo al castillo y nunca más pensó en el matrimonio. En cambio, pasó todo su tiempo cuidando a las personas y los animales de su reino.

## El Cuervo

Vinny se encaramó a la rama de un árbol y miró a su alrededor. Estaba tranquilo, demasiado silencioso para su gusto, y la nieve había comenzado a caer. Era un cuervo, grande y negro, con una vista aguda y un deseo de encontrar cosas brillantes.

Sabía que las cosas brillantes eran inútiles, pero las quería de todos modos.

"Vinny", dijo Ernie, mientras se posaba en la rama junto a su amigo. La rama se balanceó ligeramente hacia arriba y hacia abajo antes de quedarse quieta nuevamente. "¿Qué palabra trae el otro rebaño?"

"Tiempos peligrosos", dijo Vinny. "Tiempos peligrosos".

"¿Esto viene del rebaño? ¿O de ti?" preguntó Ernie.

"Ambos", dijo Vinny. "El rebaño me habló de los carroñeros en el paseo marítimo. Esas son malas noticias. El estanque se ha congelado hace mucho tiempo. No hay mucha comida, así que vendrán a buscarnos si no tenemos cuidado ".

"¿Lobos?" preguntó Ernie.

"Y más", dijo Vinny. "Coyotes, zorros, lo que sea. Se siente como si esto pudiera ser ".

"¿El fin?" preguntó Ernie.

"Tal vez", dijo Vinny.

El pensamiento envió oleadas de emoción a lo largo de Ernie. Siempre se había hablado del final. Su abuelo había hablado de ello, al igual que su abuelo antes que él.

El final fue el comienzo de los cuervos. Fue el comienzo de la tierra prometida, una tierra donde había cielos infinitos, campos abiertos, bayas para todos y sin depredadores naturales. Hubo algunos que incluso dijeron que vivirías para siempre si llegabas al final.

"¿Has visto algo?" preguntó Ernie. Nunca había estado realmente convencido de que Vinny pudiera ver el futuro, pero había momentos en que lo que había visto se había hecho realidad. Por supuesto, hubo momentos en los que tampoco se habían hecho realidad.

"Sí", dijo Vinny.

"¿Qué viste?" preguntó Ernie.

"Vi nieve por doquier. El estanque se congeló. Los lobos estaban atacando. Nuestro tiempo se acabó, pero el gran cuervo de las nubes vino por nosotros. Tres señales. Me dijeron que estuviera atento a tres señales ", dijo Vinny.

"¿Que eran?" preguntó Ernie. Podía sentir algo en su estómago. Siempre anhelaba encontrar la tierra prometida, pero no quería verse plagado de falsas esperanzas.

"Cuando la nieve esté en su punto más pesado, nuestros familiares pedirán ayuda. No debemos dejarnos engañar ", dijo Vinny.

Ernie no dijo nada, solo asintió con la cabeza y se arregló una pluma.

"Cuando el enemigo ruge, debemos atacar. El tiempo es esencial ", dijo Vinny.

A Ernie no le gustó esa parte, y miró a su alrededor por si podía ver a un lobo mirándolos.

"Cuando las cuerdas vienen del cielo, queriendo atarnos, debemos extender la mano y agarrarlas", finalizó Vinny.

"¿Qué significa eso?" preguntó Ernie.

"No lo sé", admitió Vinny. "Pero debes ser tú quien esté atento a las señales. Tengo algo que necesito hacer, pero estaré contigo al final ".

Ernie no preguntó dónde tenía que estar Vinny, sabía que era mejor no intentar comprender las costumbres de Vinny. Vio a su amigo descender de la rama y batir sus grandes alas negras, volando hacia el cielo. Cuando ya no pudo ver a Vinny, Ernie notó que la nieve empezaba a caer más pesada y había un tono verdoso-púrpura en el cielo.

No le gustó y decidió volver al rebaño.

Cuando llegó allí, la nieve caía aún más de lo que recordaba. Envió un mensaje a algunos de los cuervos y ellos pusieron guardia alrededor del campamento. Los lobos y los coyotes estaban en movimiento y él no quería que lo sorprendieran desprevenidos, incluso si estaban en lo alto de los árboles. Los lobos no pudieron llevarlos allí, pero era mejor estar a salvo.

Cuando llegó la mañana, Vince escuchó un sonido que reconoció. Por un momento pensó que era un lobo, pero pronto se dio cuenta de que era un pato pidiendo algo. No hablaba bien el pato, por lo que no supo qué era.

Un par de cuervos mayores volaron para investigar, y Ernie casi los dejó, pero las palabras de Vinny resonaron con fuerza en sus oídos. Nuestros parientes pedirán ayuda.

"¡Basta!" gritó Ernie. Voló tras los cuervos y dio vueltas frente a ellos, justo a tiempo. Detuvo a los pájaros en la línea de árboles y, un momento después, se escucharon disparos. Las balas pasaron zumbando junto a sus pequeñas cabezas y las fallaron por poco. Las alas revolotearon impotentes en los árboles antes de que se calmaran.

Hubo gritos de los portadores de las armas y los perros que ladraban salían de los escondites. Eso también enfureció a los lobos y coyotes, y pronto, varios animales de cuatro patas corrían hacia los árboles. Los hombres con las armas recargaron y rugieron a los perros para que trajeran algunos pájaros para ellos. No les importaba lo que trajeran.

"¡Tenemos que salir de aquí!" gritó el cuervo anciano.

"Sí, reúne el rebaño", dijo Ernie.

*Cuando el enemigo ruge, debemos atacar. El tiempo es esencial.*

Las palabras de Vinny llegaron de nuevo.

"¡Basta!" Ernie gritó al rebaño. "Tenemos que atacar. Están recargando y nos van a disparar. Tenemos que detenerlos ".

Ernie había creído que el enemigo eran los lobos, pero ahora sabía que Vinny estaba hablando de los humanos armados. Empezaba a creer que las antiguas profecías se estaban cumpliendo.

"¡A la carga!" gritó Ernie, y salió volando. Voló sobre las cabezas de los lobos, perros, coyotes y zorros, a través de la nieve que caía pesadamente, y hacia los hombres. Las otras aves de la bandada no tuvieron tiempo de interrogar a Ernie y volaron con él. Confiaron en él.

Los cuervos atacaron a los hombres antes de que pudieran recargar sus armas y los perros no sabían qué hacer. Los hombres recargaron lentamente las armas y se prepararon para disparar a los pájaros, y

Ernie esperaba que Vinny hubiera tenido razón, que esto estuviera ganando tiempo para algo.

¡Explosión!

Ernie pensó que le habían disparado, pero su visión se aclaró.

¡Explosión!

Volvió a aparecer, largas hebras de relámpagos de un blanco ardiente que se estrellaron contra el cielo. Los hombres se asustaron y se pusieron a cubierto. Los perros empezaron a aullar. Los lobos y otros animales huyeron.

"Las cuerdas", pensó Ernie.

Era duro, pero logró gritar a los ancianos cuervos. Volaron hacia arriba, hacia los rayos. Mientras atravesaban el cielo, se agarraron con sus garras, la iluminación ardía con más dolor del que era imaginable, pero aún así, se mantuvieron.

Uno, dos, tres, cuatro, cinco, seis relámpagos, pero no pudieron aguantar mucho más. Entonces, Vinny estaba allí. Agarró otro rayo y ató todo a la vez. Un estallido de blanco y un portal se abrió en el cielo, una gran abertura redonda.

Por un lado, este mundo con el sol naciente y la nieve intensa y, por el otro lado, una tierra bañada por el sol con campos abiertos y el cielo más azul que ningún cuervo había visto jamás.

"¡Vamos!" gritó Ernie.

Uno por uno, los cuervos volaron. Más y más cuervos venían, bandadas de todas las tierras, y Ernie supo que Vinny había ido a buscar a todos los cuervos del mundo para que ninguno se quedara atrás.

Cuando el último cuervo pasó volando, el portal se cerró y todos los cuervos se fueron de este mundo, viviendo para siempre en la tierra prometida, la tierra del cielo sin fin.

## Ve a dormir

A veces es fácil conciliar el sueño y a veces, es difícil conciliar el sueño. Si alguna vez te das cuenta de que tienes problemas para conciliar el sueño, lee esta historia, pide que se la lea o escúchala. Esta es una historia mágica que es diferente a las otras historias. No tiene un dragón o una princesa como personaje principal. No tiene aventuras emocionantes, solo relajantes. Y el personaje principal es el mejor de todos. El personaje principal eres tú.

¿Qué? ¡Te escucho preguntar! ¿El personaje principal soy yo?

Si, eso es correcto. El personaje principal eres tú, y el objetivo de esta historia es quedarte dormido. Si te quedas dormido mientras escuchas esta historia, o si se te quedas dormido poco después, entonces le has ganado la historia.

Cuando lees una historia y escuchas acerca de las grandes cosas que ha hecho el personaje principal, son ellos quienes ganan la historia. Los estás animando a hacer lo que sea que necesiten hacer. En esta historia, todos te apoyan, así que comencemos. Haremos todo lo posible para ayudarte a conciliar el sueño.

¡Puedes hacerlo!

Asegúrate de estar en una posición cómoda, con suerte acostado en su cama. Ese es el mejor lugar para dormir.

La primera parte de irse a dormir es descansar el cuerpo. Vas a hacer esto poco a poco. La gente suele decir que los viajes más largos comienzan con un solo paso, y lo mismo ocurre con irse a dormir. La relajación de tu cuerpo comienza con la relajación de las partes más pequeñas primero.

Por lo tanto, trata de relajar los dedos de los pies. Empieza moviéndolos. A veces, necesitamos estirarnos antes de que podamos relajarnos, y mover los dedos pequeños de los pies es una buena forma de estirarlos. De hecho, ¿por qué no mover todos los dedos de los pies juntos? Mientras haces eso, ¿por qué no mueves los dedos también?

Mientras mueves los dedos de las manos y los pies, cierra los ojos y piensa en tus movimientos. Concéntrate en cómo se sienten los dedos de los pies y de las manos mientras los mueves.

Muévelos un poco más.

Y un poco más.

Entonces relájate. Deje que tu cuerpo se relaje y cálmate por un momento.

A continuación, debes estirar los tobillos y las muñecas. Mueve tus manos y pies en círculos. Imagina que estás dirigiendo una orquesta pero, en lugar de tener solo una batuta, tienes cuatro. Una en cada mano y otro agarrado en cada pie. Imagina que estás dirigiendo una gran orquesta que toca música relajante.

No reproduces música rápida, por lo que no debes mover las manos y los pies demasiado rápido. Debes concentrarte en hacer círculos completos y estirar las muñecas y los tobillos. Cuando hayas terminado, suelte los pies y las manos.

Relájate de nuevo por un momento. Lo estás haciendo muy bien.

A continuación, es hora de estirar las piernas. Primero, lleva la rodilla izquierda hasta el pecho y manténla allí con las manos. Mantén los ojos cerrados y concéntrate en cómo se siente el estiramiento. Estás estirando los isquiotibiales de las piernas y ayudando a que las piernas se vayan a dormir.

Una vez que sientas que tu pierna se ha estirado lo suficiente, deja que se relaje lentamente sobre la cama y repite el mismo ejercicio con la otra pierna. Manténla sostenida en su pecho todo el tiempo que desee, estirando el tendón de la corva antes de dejar que tu pierna caiga lentamente hacia la comodidad de su cama.

Ahora tal vez solo tengas una pierna, y eso está bien. Solo concéntrate en estirar una pierna. Si no tiene ninguno, haga algunos de los otros estiramientos. Concéntrate solo en los músculos que puede estirar.

Una vez que hayas terminado con tus piernas, puedes moverte sobre tus hombros. Mueve los hombros en círculos grandes como si te encogieras de hombros una y otra vez. Tal vez hay algo que realmente no te importa, y puedes decir esa frase una y otra vez en tu cabeza mientras mueves los hombros.

No me importa. No me importa. No me importa.

Intenta mover los hombros en un millón de círculos si puedes, pero diez también está bien. Cuando hayas terminado de estirar los hombros, déjalos relajarse y piensa en cómo te sientes.

Lo siguiente es tu espalda. Empuja tu estómago hacia arriba en el aire para que tu espalda se arquee y te Levantas de tu cama. Recuerda, todo esto se trata de relajación, así que no empujes tu cuerpo hacia arriba, debes usar movimientos suaves y lentos.

Cada vez que Levantas la barriga, respira lenta y profundamente. Mientras sueltas el aire, vuelves a bajar el cuerpo a la cama.

Inspira. Levanta el cuerpo.

Exhala. Baja tu cuerpo.

Hagámoslo cinco veces más.

Inspira. Levanta el cuerpo.

Exhala. Baja tu cuerpo.

Inspira. Levanta el cuerpo.

Exhala. Baja tu cuerpo.

Inspira. Levanta el cuerpo.

Exhala. Baja tu cuerpo.

Inspira. Levanta el cuerpo.

Exhala. Baja tu cuerpo.

Inspira. Levanta el cuerpo.

Exhala. Baja tu cuerpo.

Tu cuerpo debería sentirse agradable y relajado ahora. Déja acostarte allí por unos momentos. Recuerda, todos estamos aquí, animándote. No podemos esperar a que te vayas a dormir y entres en la tierra de los sueños. ¿Qué cosas asombrosas encontrarás allí?

Solo tenemos dos tramos más. Primero, vamos a estirar y relajar la cabeza.

Acuéstate con la cabeza sobre la almohada y la cabeza hacia el techo, o lo que sea que esté encima de usted. Mantén los ojos cerrados y gira lentamente la cabeza hacia la izquierda de modo que tu mejilla esté sobre la almohada. Muévela lentamente hacia el centro. Luego, gira la cabeza hacia la derecha para que tu mejilla derecha esté sobre la almohada.

Muévete de lado a lado, moviendo siempre la cabeza lentamente para estirar nuestro cuello. Cuando haya terminado, mantenga la cabeza en la posición que le resulte más cómoda.

Bien, un tramo más para el final. Sabemos que puedes hacer esto.

El último es el estiramiento del vientre.

Empieza por tomar tres respiraciones profundas.

Inhala y exhala. Dentro y fuera. Dentro y fuera.

Ahora, respira profundamente cinco veces más, inhalando y exhalando lentamente pero, mientras lo haces, también empuja tu vientre hacia afuera lo más que puedas. Mantén tu espalda en la cama, simplemente empuja tu vientre hacia afuera mientras inhalas y deja que se desinfle mientras exhalas.

Inhala y exhala. Dentro y fuera. Dentro y fuera. Dentro y fuera. Dentro y fuera.

Y relájate. Lo estás haciendo tan bien.

Mantén los ojos cerrados y piensa en cómo te sientes. ¿Está tu cuerpo relajado? ¿Puedes sentir lo bien que se siente tu cuerpo después de tanto estiramiento? ¿Te sientes más relajado que antes?

Sacude suavemente los brazos, las piernas y el cuerpo si deseas eliminar cualquier energía restante que aún esté atrapada allí, y acuéstate en tu cama con los ojos cerrados.

Sabemos que eres bueno para estirarte y relajarte, y debes sentirte muy relajado en este momento. Mantén los ojos cerrados y trata de no pensar en nada.

No imagines nada en tu mente y trata de mantenerlo ahí. Para ayudarte, piensa en tu respiración. Si quieres, mantén los ojos cerrados e imagina tu barriga mientras sube y baja con tu respiración. Imagina que tu vientre y tu pecho suben y bajan a medida que respiras. No pienses en nada más que en tu respiración.

Inhala y exhala y no pienses en nada más. Inhala y exhala y debes saber que pronto te quedarás dormido. La historia ha terminado y tu aventura de dormir acaba de comenzar. Continúa inhalando y exhalando lentamente y piensa solo en tu respiración.

Buenas noches.

## ¡La historia más grande del mundo jamás contada!

Érase una vez, un dragón, sirena, princesa, espada dorada, diecisiete acertijos, una caja misteriosa, un nuevo planeta, diez pingüinos, una tierra mística, catorce tejones, el último unicornio, un orco, tres profecías, el fin del mundo, un gran escape y un árbol mágico.

Ahora, esa es una oración de apertura bastante audaz para la historia más grande del mundo, y estoy seguro de que te estás preguntando exactamente qué sucede. Bueno, si alguna vez tienes la oportunidad de leer la mejor historia del mundo, lo descubrirás. Alerta de spoiler, el conserje (que también es un gigante) salva el día.

Esta historia no es la historia más grande del mundo. No, esta historia es sobre el niño que nunca llegó a escuchar la mejor historia del mundo debido a problemas a la hora de acostarse.

Esta es la historia de Gus.

"Érase una vez un dragón, una sirena, una princesa, una espada de oro, diecisiete acertijos, una caja misteriosa, un nuevo planeta, diez pingüinos, una tierra mística, catorce tejones, el último unicornio, un orco, tres profecías, el fin del mundo, un gran escape y un árbol mágico ", comenzó la mamá de Gus.

Gus estaba metido en su cama y su mamá estaba emocionada de leerle la mejor historia del mundo. La había leído casi un centenar de veces y siempre le sorprendía la parte en la que los tres niños engañaban al jabalí. Estaba emocionada de que su hijo de cinco años finalmente escuchara la historia.

Estaba a punto de leer la siguiente oración del libro cuando Gus se subió de un salto a su cama y comenzó a saltar arriba y abajo.

"¡Ese es un comienzo increíble para una historia!" gritó Gus. "No puedo esperar a escuchar lo que sucede. ¡No puedo esperar! ¡No puedo esperar! ¡No puedo esperar!" Gus saltó arriba y abajo en su cama, girando en círculos.

La mamá de Gus se rió entre dientes. "Cálmate, mi pequeño. Vuelve a la cama y te leeré la historia ".

Gus dejó de saltar y volvió a meterse bajo las mantas. Se calmó y escuchó mientras su madre comenzaba a leer de nuevo.

"Érase una vez un dragón, una sirena, una princesa, una espada de oro, diecisiete acertijos, una caja misteriosa, un nuevo planeta, diez pingüinos, una tierra mística, catorce tejones, el último unicornio, un orco, tres profecías, el fin del mundo, un gran escape y un árbol mágico ", dijo la mamá de Gus.

"¡Retumba, retumba!" gritó Gus.

"¿Acabas de decir, retumba, retumba?" preguntó la mamá de Gus.

"Mi estómago lo hizo, y luego lo hice", dijo Gus. "Olvidé tomar un bocadillo antes de acostarme".

"Dios mío", dijo la mamá de Gus. Bajó a Gus a la cocina y cortó algunas zanahorias y manzanas. Después de comerlos, todavía tenía espacio en el estómago, y siguió las frutas y verduras con un poco de yogur. Después de eso, tuvo un poco de hambre, así que se comió un arándano.

Cuando estuvo lleno, Gus volvió a subir las escaleras con su mamá y volvió a meterse en la cama. La mamá de Gus volvió a sentarse en la silla junto a la cama, abrió el libro y comenzó a leer de nuevo.

"Érase una vez un dragón, una sirena, una princesa, una espada de oro, diecisiete acertijos, una caja misteriosa, un nuevo planeta, diez pingüinos, una tierra mística, catorce tejones, el último unicornio, un orco, tres profecías, el fin del mundo, un gran escape y un árbol mágico ", dijo la mamá de Gus.

"Necesito orinar", dijo Gus, un poco avergonzado de haber olvidado hacerlo después de comer. "Y debería volver a cepillarme los dientes".

La mamá de Gus no pudo discutir con eso. Sabía que debería haber hecho pis antes, pero incluso ella se había olvidado de lavarse los dientes de nuevo después de comer más. No podía permitir que pequeños trozos de piel de manzana quedasen atrapados entre sus dientes y le causaran caries.

Gus fue primero al baño y orinó. Cuando terminó, se lavó las manos y su madre lo ayudó a usar hilo dental y cepillarse los dientes. Apretó los dientes cuando terminó y corrió emocionado a la cama para escuchar la historia.

"Érase una vez un dragón, una sirena, una princesa, una espada de oro, diecisiete acertijos, una caja misteriosa, un nuevo planeta, diez pingüinos, una tierra mística, catorce tejones, el último unicornio, un orco, tres profecías, el fin del mundo, un gran escape y un árbol mágico ", dijo la mamá de Gus.

"¿Es esa la historia más grande del mundo?" preguntó el padre de Gus, asomando la cabeza por la puerta del dormitorio. "Me encanta esa historia. ¿Has llegado a la parte en la que los cerdos montan a los lobos y lanzan lanzas a los fantasmas del arco iris?

"Lo habría hecho si no me hubieran interrumpido tanto", dijo la mamá de Gus.

"Lo siento", dijo el padre de Gus. Se sonrojó y salió de la habitación.

La mamá de Gus suspiró y volvió a mirar el libro. "Érase una vez, un dragón, sirena, princesa, espada dorada, diecisiete acertijos, una caja misteriosa, un nuevo planeta, diez pingüinos, una tierra mística, catorce tejones, el último unicornio, un orco, tres profecías, el fin del mundo, un gran escape y un árbol mágico ".

"¡Pingüino!" gritó Gus. "¿Dónde está Pengy?"

Pengy era el peluche favorito de Gus y nunca se dormía sin él. La mamá de Gus miró alrededor de la habitación y suspiró. Sabía que Gus no se dormiría sin Pengy. Bueno, él se iría a dormir sin Pengy, pero ella no quería que Pengy se perdiera la historia.

Los dos miraron debajo de la cama, en el armario y junto a la ventana. Pengy no estaba en la caja de lego ni en el cesto de la ropa. Bajaron las escaleras para comprobar que no estaba comiendo bocadillos en la mesa de la cocina y comprobaron el baño, pero Pengy no iba al baño ni se cepillaba los dientes.

Finalmente, Gus volvió a la cama, resignándose a no tener a Pengy esta noche.

"Érase una vez, un dragón, sirena, princesa, espada dorada, diecisiete acertijos, una caja misteriosa, un nuevo planeta, diez pingüinos, una tierra mística, catorce tejones, el último unicornio, un orco, tres profecías, el fin del mundo, un gran escape y un árbol mágico ", dijo la mamá de Gus.

"¡Aquí está él!" gritó Gus. Sacó a Pengy de debajo de las mantas. "Debe haberse estado escondiendo".

La madre de Gus estaba muy aliviada de que hubieran encontrado a Pengy, pero también negó con la cabeza con frustración. No estaba segura de si Gus no había mirado mucho o si Pengy era muy buen ocultador.

"Por favor, lee la historia, mamá", dijo Gus. "Quiero saber qué pasa".

"Érase una vez un dragón, una sirena, una princesa, una espada de oro, diecisiete acertijos, una caja misteriosa, un nuevo planeta, diez pingüinos, una tierra mística, catorce tejones, el último unicornio, un orco, tres profecías, el fin del mundo, un gran escape y un árbol mágico ", comenzó la mamá de Gus.

Miró la cama y Gus estaba profundamente dormido. Pengy también estaba profundamente dormido. La mamá de Gus suspiró más de lo que jamás había suspirado antes. Sonaba como el aire escapando de un neumático muy grande, y pasó casi un minuto antes de que su suspiro se completara.

La mamá de Gus miró el libro y leyó. Leyó todo el libro mientras Gus dormía y se sorprendió de lo bueno que era. Después de todo, era el libro más grande del mundo.

En cuanto a Gus, soñó con un dragón, sirena, princesa, espada dorada, diecisiete acertijos, una caja misteriosa, un nuevo planeta, diez pingüinos, una tierra mística, catorce tejones, el último unicornio, un orco, tres profecías, el fin. del mundo, un gran escape y un árbol mágico.

¡Fue el mejor sueño del mundo jamás!

## Saludos

Saludar a alguien es muy importante y una habilidad que debes aprender a una edad temprana. Aquí, saludar significa una forma de saludar a alguien o algo, y una vez que hayas aprendido a saludar y saludar a algunas personas y algunas cosas, puedes hacerlo con casi todos y con todo.

Entonces, ¿cuáles son algunas de las mejores formas de saludar a la gente?

Las personas más comunes a las que saludarás son tus amigos.

A algunos niños les gusta decir "Hola" a sus amigos, y ese es un saludo perfectamente bueno. Hay otras opciones cuando se trata de saludar a tus amigos, y podrías saludar en lugar de hola. También puedes decir qué tal, encantado, cómo va todo y saludos.

Si vas a reunirte con su amigo en un entorno formal, por ejemplo, si tienes una reunión de negocios muy importante con su amigo, tal vez sobre la mejor manera de jugar en el parque, entonces querrás tener un saludo más formal.

En esta situación, un apretón de manos es el saludo preferido. Cuando te reúnas con tu amigo, elige una palabra más formal, como hola, y extiende tu mano para que tu amigo la estreche. Tu amigo tomará tu mano con la suya y tú podrás estrecharla.

Cuanto más formal sea tu reunión, más apretones debe realizar. Si la reunión es muy importante, entonces debes hacer cincuenta apretones y si no es muy importante, solo debes hacer uno.

Cuando te hayas dado la mano, puedes decir: "Que comience nuestra reunión de negocios".

De niño, también conocerás a muchos adultos. Algunos de esos adultos serán miembros de la familia, como padres, abuelos y primos. Algunos serán adultos importantes como policías, maestros y payasos de circo. Y algunos serán adultos que no conoces muy bien, como amigos de tus padres,

padres de tus amigos y padres de los amigos de los padres de tu amigo.

El saludo más popular en este caso es el saludo lindo. El lindo saludo viene en dos formas, y siempre debes esperar hasta que el adulto te salude primero. Cuando un adulto te saluda, debes comenzar con la parte vocal.

Di "Hola" con tu mejor voz. También puede decir "Un placer" si también lo deseas. Ambos son ideales para saludar a los adultos. Si quieres ser más amable, también puedes agregar un "señor" o "señora" después del saludo.

La siguiente parte es el lindo look. Mientras dices hola, mira al adulto con los ojos bien abiertos y ponga la expresión más linda posible en su rostro. Cuando vean tu lindo rostro y tu amable saludo, quedarán tan impresionados que harán todo lo que les pidas. Es fácil conseguir que los adultos hagan lo que tú quieras.

Entonces, hemos cubierto a adultos y niños. Esas son las personas más comunes a las que saludarás, pero ¿si se tratara de animales? Aquí hay algunos saludos comunes para los animales.

Para un pato, diga: "Hola, pato. ¡Curandero!"

Para un lunar, di: "Buen día, lunar".

Para un perro, diga: "¿Quién es un buen chico?"

Para un gato, diga: "Oh, gato, ¿qué estás haciendo?"

En el caso de un oso, retrocede en silencio y no digas hola.

Para un tiburón, nada o, si estás en tierra, pregúntate cómo llegó allí un tiburón.

Para una rana, di, "Ribbit, ribbit".

Para una mosca, di: "Hola, vuela".

Para un búfalo volador grande, diga: "¡Yip, yip!"

Para los toros en estampida, grite: "¡Dejen de correr en estampida!"

Y eso debería abarcar a todos los animales con los que te encontrarás comúnmente.

Ahora, cubrimos cómo saludar a adultos y niños, pero ¿qué pasa si tienes que saludar a alguien que es muy grosero contigo? ¿Cómo debes saludarlo?

Por ejemplo, ¿qué haces cuando alguien dice: "Oye, ¿qué estás haciendo, niño?" Tienes una nariz extraña y hueles a bayas de saúco ".

Bueno, esta persona no se merece un lindo saludo como los demás adultos y niños, ni tampoco un lindo saludo animal. Se merecen un saludo que demuestre cuánto te disgusta lo que dijeron. Y los siguientes saludos deben hacerles repensar sus caminos y dar un giro a sus vidas, haciéndolos cambiar sus caminos y convertirse en una buena persona.

Los siguientes saludos también funcionan con los matones, los delincuentes, las personas que caminan demasiado lento, las personas que mastican con la boca abierta, las personas que se tiran un pedo y culpan a otra persona y cualquiera que no crea que los conejitos son lindos.

Aquí están los saludos para todas esas personas:

"Hola. ¡No!"
"No te voy a decir hola".
"Adiós."
"Hola, Dios. ¡Jaja, te llamé tonto! "
"Heeeeeewwwwwwooooooo".
"Hola, tienes cara de rana".
"Hola, hola, hueles mal".

Ahora, estos saludos deben usarse con cuidado, ya que realmente pueden ofender a las personas. Úsalos sabiamente para aquellos que lo merecen.

¿Qué pasa si te encuentras con algo que no es una persona o un animal? ¿Cómo los saludas? Prueba algunos de estos saludos populares que han existido durante casi un millón de años.

Para una uva: "Encantado de comerte".
Para una silla: "Encantado de sentarte".
Por un huevo: "Encantado de golpearte".
Para calcetines: "Encantado de pisarlos".

Para un poco de queso cheddar, mozzarella o brie: "*Cheesed to meet you*".
Para un poco de sustancia pegajosa (simple o pegajosa): "Encantado de conocer a la sustancia pegajosa".
Para un poco de caca: "Encantado de conocerla caca".
Para un pañuelo: "Estornudo para conocerte".
Para la miel: "Abejas para conocerte".
Para piernas: "Rodillas para conocerte".

Y eso resume todos los saludos que necesitará para verlo durante toda su vida.

Por supuesto, es posible que necesite algunos saludos adicionales, por lo que le hemos proporcionado algunos saludos adicionales que no encontrarás en ningún otro lugar, y todos son saludos geniales. Ten cuidado con la forma en que usas estos saludos, ya que posiblemente te conviertan en la persona más genial del planeta.

Aquí hay algunos saludos geniales que puedes usar con cualquier persona.

"Oye, amigo. ¿Qué es *snocking*?"

En inglés, snocking es una palabra que significa "pasando" y es una palabra que acabamos de inventar. Bastante genial, ¿verdad?

"Yo, yo, yo, yo, yo, yo, yo, yo, yo, yo, yo, yo, yo, yo, yo, yo, yo, yo, yo, yo, yo, yo, yo, yo , yo, yo, yo, yo, yo, yo, yo, yo, yo, yo, yo, yo, yo, yo, yo, yo, yo, yo, yo, yo, yo, yo , yo, yo, yo, yo, yo, yo, yo, yo, yo, yo, yo, yo, yo, yo, yo, yo, yo, yo, yo, yo, yo, yo, yo, yo, yo , yo, yo, yo, yo, yo, yo, yo, yo, yo, yo. "

Cuantos más "yos" uses, más genial serás.

Y el saludo más genial posible:

"Hola, amigo. ¿Qué es lo que está sucediendo ahora mismo, mientras hablamos? Soy un tipo genial ".

Si usas ese saludo, todos sabrán lo genial que eres.

Así que ahí lo tienes. Esta ha sido nuestra clase magistral sobre saludar a casi todo el mundo. Elige los saludos que quieras y pruébalos con tus padres y amigos. Una vez que los domines, puedes personalizarlos o agregar algunos saludos propios.

Lo más importante que debes recordar es que no importa qué saludo uses, y no importa lo que hagas en la vida, hazlo con confianza y amabilidad en tu corazón. No importa cuáles sean las reacciones a tus saludos o cualquier otra cosa que hagas en la vida, a menudo es un reflejo de la otra persona y no el tuyo.

Si alguien piensa que no eres genial, probablemente no lo seas. Entonces, sal y sé lo mejor que puedas ser.

## El circo de los sueños

A veces, cuando te duermes, sueñas. Bueno, en realidad, cuando te duermes, casi siempre sueñas, pero los sueños son criaturas divertidas y a menudo, no recuerdas tus sueños. Algunas noches, tendrás múltiples sueños y no recordarás ninguno de ellos. Así son los sueños.

Pero, en noches muy especiales, es posible que te visite el circo de los sueños.

¿Qué es el circo de los sueños, preguntas?

El circo de los sueños llega cuando más lo necesitas y te ayuda a dormir. Los artistas del circo de los sueños son los mejores que existen y solo actúan para ayudarte a dormir. Solo hay un problema, nadie recuerda el circo de los sueños.

Pero, si has dormido tan profundamente que se despierta sintiéndose más renovado que nunca, entonces sabe que el circo de los sueños probablemente lo haya visitado.

Te escucho hacer otra pregunta. ¿Cómo puedo saber sobre el circo de los sueños si nadie recuerda el circo de los sueños?

Bueno, yo solía ser un artista en el circo de la zona, así es como lo sé.

Cuando era más joven, siempre soñé con escaparme para unirme al circo, pero no había circos cerca de mí. Incluso viajé a la siguiente ciudad para intentar unirme a su circo, pero no necesitaban a nadie. No importaba lo que hiciera, no había circos que buscaran otro artista.

La noche en que había perdido la esperanza, finalmente encontré la respuesta. Encontré el circo de los sueños.

No tenía ni idea hasta que me uní al circo, porque estaba dormido cuando me uní. Debo haber estado muy cansado esa noche, y estaba enojado, enojado porque no había encontrado un circo al que unirme, y la combinación debió haber motivado mi yo del sueño.

Lo siguiente que supe fue que estaba en una gran carpa de ensueño, hablando con el maestro de ceremonias.

El maestro de ceremonias vestía una chaqueta roja brillante con botones dorados en la parte delantera, pantalones negros ajustados, botas negras y un sombrero de copa rojo con una pluma en la parte superior. Él estaba a cargo de todo el circo de los sueños, y luego supe que él era el responsable de asegurar que el circo de los sueños visitara a quienes más lo necesitaban.

Recuerdo cuando me vio por primera vez. No sabía lo bueno que era y no sabía dónde ponerme.

"Los payasos", dijo finalmente, después de mirarme durante cuatro minutos completos.

Como todo el mundo sabe, los payasos son los encargados de traer la felicidad. Con su ropa y maquillaje coloridos y sus divertidas rutinas, hacen todo lo que pueden para hacer reír a la gente. Los payasos de ensueño no son diferentes.

Pero, en lugar de actuar en el centro de la gran carpa, corren en tu mente y te cuentan muchos chistes divertidos. Cuando te despiertas, después de un largo y profundo sueño sintiéndote muy renovado, generalmente también te sientes muy feliz. Todo eso se debe a los payasos de los sueños.

Pasé una semana con los payasos de los sueños, corriendo y contando los chistes más divertidos que se me ocurrieron, pero no fui muy divertido.

"No eres muy gracioso", dijeron.

"No eres muy divertido", dijo el maestro de ceremonias.

"No soy muy gracioso", dije.

El maestro de ceremonias me miró de arriba abajo, mirándome durante seis minutos completos esta vez. Estaba tratando de averiguar dónde ubicarme ahora.

Finalmente, dijo: "El trapecio".

Si alguna vez ha estado en un circo, probablemente hayas visto trapecistas. Son los que se balancean y vuelan por el aire a grandes alturas. Los trapecistas de ensueño vuelan de un columpio a otro, pero no en una carpa de circo, lo hacen en tus músculos.

Después de despertarse de un sueño largo y profundo, probablemente te sientas muy relajado. Tus músculos suelen estar sueltos y listos para hacer lo que les pida. Esto se debe a que los trapecistas de los sueños se balancean a través de tus músculos y los relajan por ti.

Pero no era muy bueno en eso.

"No eres muy bueno en esto", dijeron los trapecistas.

"No eres muy bueno en esto", dijo el maestro de ceremonias.

"No soy muy bueno en esto", dije.

El maestro de ceremonias volvió a mirarme, esta vez durante ocho minutos. Finalmente, habló. "Los malabaristas".

Me enviaron a ver a los malabaristas de los sueños y pude ver lo que hacían. Si conoces a los malabaristas, entonces sabrás que mantienen pelotas, palos u otros objetos en el aire, a menudo lanzando y atrapando cinco, seis, siete cosas a la vez.

Los malabaristas de sueños hacen lo mismo, pero hacen malabarismos con pensamientos y no pelotas. Cuando te vas a dormir, tienes muchos pensamientos en tu mente. Es difícil hacer un seguimiento de todos, por lo que los malabaristas de los sueños hacen el trabajo por ti. Hacen malabarismos con tus pensamientos para que tú no tengas que hacerlo.

Entran en tu mente y hacen malabares con todos tus pensamientos. Hice lo mejor que pude para ayudar a hacer malabares con los pensamientos, pero no era muy bueno haciendo malabares y solía dejar de pensar.

"No eres muy bueno haciendo malabares", dijeron los malabaristas de los sueños.

"No eres muy bueno haciendo malabares", dijo el maestro de ceremonias.

"No soy muy bueno haciendo malabares", dije.

El maestro de ceremonias me miró de arriba abajo de nuevo, esta vez durante diez minutos. Pareció una eternidad, pero finalmente anunció: "Domadores de leones".

Me enviaron para ayudar a los domadores de leones. Los domadores de leones suelen ser responsables de domesticar a los leones, llevarlos a la arena del circo y hacer que hagan trucos o meter la cabeza en la boca del león.

Los domadores de leones de ensueño no domestican a los leones, dominan los miedos.

Una cosa que te impedirá dormir bien por la noche son tus miedos. Cuando le tenemos miedo a algo, no importa lo que sea, puede resultarnos difícil dormir. Los domadores de leones de ensueño entran en tu mente, encuentran tus peores miedos y los domestican por ti.

Si has dormido un sueño largo y profundo, es probable que tus miedos no te hayan afectado. Eso es todo gracias a los domadores de leones. Desafortunadamente, no era muy bueno para dominar los miedos y me asusté mucho.

"Tienes demasiado miedo", dijeron los domadores de leones de los sueños.

"Tienes demasiado miedo", dijo el maestro de ceremonias.

"Tengo demasiado miedo", dije.

Entonces, el maestro de ceremonias me miró de arriba abajo de nuevo, realmente mirándome y haciéndolo durante veinte minutos completos. Estaba seguro de que me iba a mirar por una eternidad, pero finalmente dijo: "¡Palomitas de maíz!"

Pensé que quería palomitas de maíz, pero pronto descubrí que me estaba enviando a trabajar con los fabricantes de palomitas de maíz. Las palomitas de maíz son muy importantes en el circo de los sueños. Cuando todos los artistas del circo de los sueños están actuando, los otros pensamientos en tu mente necesitan ver algo o pensarán en otra cosa.

Cuando tus pensamientos tienen palomitas de maíz para mantenerlos ocupados, se alegran de ver a los artistas hacer su trabajo y ayudarte a tener el mejor sueño de tu vida.

Entonces, si alguna vez te has despertado de un sueño profundo y tranquilo, dedica un momento a los trabajadores del circo de sus sueños. Piensa en los payasos de los sueños, los trapecistas de los sueños, los malabaristas de los sueños y los domadores de leones de los sueños. Y por favor, piensa en los fabricantes de palomitas de maíz de sus sueños.

Sin los fabricantes de palomitas de maíz, los artistas de ensueño importantes no pueden hacer su trabajo.

Entonces, eso es lo que hice cuando trabajaba en el circo de los sueños, y fue el mejor momento de mi vida.

## La bebé que se metió todo en la boca

Una vez nació una bebé, como parece ser la mayoría de los bebés. Pero esta bebé era diferente a muchos bebés en el mundo. A la mayoría de los bebés les gusta llevarse cosas a la boca. Después de todo, así es como a los bebés les gusta explorar el mundo.

A esta bebé le gustaba llevarse cosas a la boca más que a cualquier otro bebé del mundo. No importaba lo que se le ocurriera, se lo llevaría a la boca. Siempre sorprendía a la gente metiéndose cosas en la boca.

Cuando nació, abrió los ojos y vio el mundo por primera vez. Bueno, vio un hospital por primera vez. Todos los médicos y enfermeras la miraron y arrullaron.

"Gugu", dijeron todos.

Su madre y su padre estaban asombrados por esta pequeña bebé.

"¡Aww!" ellos dijeron.

La bebé inmediatamente se llevó el pulgar a la boca y lo chupó. No sabía qué más hacer, y el pulgar en su boca fue muy reconfortante.

"Bueno, mire eso", dijo la enfermera. "¿Alguna vez has visto algo como eso?"

Nadie lo había hecho nunca.

La bebé no pasó mucho tiempo en el hospital y pronto la envolvieron en su manta para llevarla a casa. Por supuesto, encontró la esquina de la manta e inmediatamente se la puso en la boca. Le gustó cómo se sentía la tela y la mordió con las encías.

Cuando su padre la llevó a su coche, empezó a sujetarla en su asiento de seguridad. Por supuesto, la bebé logró acercar la cara al asiento del automóvil y mordió un poco del plástico. Era suave en su boca, aunque el asiento del automóvil era demasiado grande para que ella pudiera meterlo todo en la boca.

Cuando estuvo abrochada, tuvo que consolarse con su chupete. Su madre y su padre le habían dado uno poco después de que ella naciera y si bien era agradable tener algo masticable en la boca, no era tan emocionante como todas las demás cosas del mundo. Había tantas cosas en el mundo y quería metérselas todas en la boca.

Mientras conducían a casa, vio un pájaro volando en el cielo y se preguntó cómo sería poner una pluma en su boca o un ala entera. Pasaron por un campo de hierba y se preguntó cómo se sentiría tener briznas de hierba en la boca. Había una pared de ladrillos cuando se detuvieron en los semáforos, y la bebé pensó en colgarse de la ventana para morder los ladrillos, pero estaba demasiado lejos.

Todos lograron llegar a casa sanos y salvos, y la bebé no se puso nada en la boca excepto el chupete.

Cuando llegaron a casa, había gente nueva allí. Le dijeron que dos de las personas, los mayores, eran sus abuelos. El más joven, el más cercano en edad a ella, era su hermano mayor. Tenía tres años.

Su hermano mayor la miró con una expresión burlona en el rostro. Cuando la colocaron sobre una mesa, se acercó y la miró fijamente. La bebé sabía que la protegería si alguna vez se metiera en problemas.

Su hermano mayor agitó los dedos con bonitos movimientos y acercó las manos a su rostro. La bebé sabía que solo había una cosa que hacer. Los dedos estaban tan cerca que solo tenía sentido metérselos en la boca.

Rápidamente abrió la boca y se mordió un dedo. Afortunadamente, no tenía dientes, por lo que no le causó ningún dolor a su hermano mayor. Se rió porque le hizo cosquillas un poco. Ella se rió porque el dedo se movió en su boca. Cuando le quitó el dedo de la boca, estaba cubierto de baba de bebé. Se secó el dedo en la camisa.

Durante los siguientes días, hubo muchas cosas que la bebé pudo llevarse a la boca. Estaban las cosas normales como su chupete, los dedos de su hermano mayor, el cuello de la camisa de su padre y el botón en la parte delantera de la camisa de su madre. Pero también hubo cosas nuevas.

Había juguetes.

Mucha gente le trajo juguetes y fue divertido ponerlos en su boca. Tan pronto como le dieron un juguete nuevo, se lo llevó a la boca y lo mordió. Los juguetes de plástico siempre fueron lisos. Los juguetes de metal solían ser duros y un poco fríos. Los juguetes de madera se sentían un poco más suaves y tenían una textura interesante. Los juguetes de tela hacían que su boca se sintiera rara cuando los mordía.

También había diferentes formas. Había bolas grandes que no podía mover con la boca, tubos largos que eran divertidos de morder, superficies planas que solo podía lamer y juguetes blandos que cambiaban de forma cuando los mordía.

Los juguetes eran muy divertidos de poner en su boca, pero ella quería más. Este bebé quería explorar el mundo entero con su boca.

Cuando la sacaban, siempre tenía la oportunidad de explorar cosas diferentes. Finalmente llegó a saborear la hierba. Sabía a hierba y lo escupió. La suciedad siempre le había parecido atractiva, pero ella también la escupió. Se las arregló para meterse un gusano en la boca, que se retorció y le hizo cosquillas antes de escupirlo también. Los dientes de león estaban entre sus favoritos y le gustó la forma en que se sentían los suaves pétalos en el interior de sus mejillas. Incluso logró meterse una mariposa en la boca. Era suave y cuando abrió la boca, revoloteó hacia el cielo.

Trató de captar la luz del sol en la boca, pero no pudo. Mientras estaba sentada allí con la boca abierta y apuntando hacia el cielo, podía sentir el calor, pero nunca podría atrapar la luz del sol. Eso la frustró un poco.

Cuando finalmente se le permitió comer alimentos reales, y no solo beber leche, encontró un mundo completamente nuevo de sabores y texturas.

Algunos alimentos estaban crujientes y tendría que tener cuidado con las encías. Algunos alimentos eran extra blandos, como tomates cereza y arándanos. Cerraba la boca y los apretaba para poder sentirlos estallar en su boca.

Un poco de comida le recordó otras cosas. Los espaguetis se sentían como gusanos, aunque nunca se movieron. La comida tibia se sentía como el calor del sol, pero nunca pudo llevarse el sol a la boca. Y, las coles de Bruselas se sentían un poco como flores de diente de león, pero sin pétalos.

Había tanta comida para probar que la bebé nunca se aburría de comer. Y cuando creció, esa bebé se convirtió en un campeona en la comida.

Siempre que había una competencia de comida, ella estaba allí. Tenía toda una vida de práctica a sus espaldas y podía comer cosas más rápido que nadie. Ella también lo disfrutó más que nadie.

Su primera victoria en un campeonato de comida fue una competencia de perros calientes. Consiguió comerse 100 perros calientes en veinte minutos. ¡Eso es un montón de perritos calientes! Su siguiente victoria fue comer donas. Se comió tantos que perdieron la cuenta. Ha ganado muchos concursos de alimentación y hasta ella ha perdido la cuenta de todos.

Con tantas competiciones ganadas, no quedan muchos lugares para ir, pero esta ex bebé tiene la vista puesta en un gran sueño. Sueña que algún día podrá llevarse todo el planeta a la boca.

¡Esperemos que ese día nunca llegue!

## La meditación del diente de león

Este libro trata sobre la meditación.

No importa si eres bueno en la meditación o no, nunca puedes practicar demasiado esta habilidad. Para este libro, hay dos cosas que debes saber. Ambos son muy importantes.

El primero es cómo se ve un diente de león. Los dientes de león generalmente se encuentran afuera en primavera e invierno y tienen pétalos de color amarillo brillante. A medida que envejecen, sus pétalos se vuelven blancos y puedes soplar las pelusas en el aire.

Si no sabes cómo es un diente de león, puede usar cualquier otra flor. Siempre que puedas imaginar una flor en tu mente, estás listo para hacer algo de meditación.

Lo segundo que debe saber es que la mayoría de los adultos no pueden meditar. Entonces, si usas este libro para aprender a meditar, estás aprendiendo algo que muchos adultos no pueden hacer.

La meditación consiste en eliminar los pensamientos de tu mente y no pensar en nada. Puedes pensar que es fácil no pensar en nada, pero en realidad es muy difícil.

Cuando no piensas en nada, es como descansar tu mente. Esto ayuda a despejar tu mente y debes salir de la meditación con una sensación de calma. Si meditas con regularidad, puedes ayudarte a sentirte más feliz y concentrado.

¡Todo eso sin pensar en nada!

¿Entonces estas listo?

Si vas a aclarar su mente, debes darte menos en qué pensar. Pensemos primero en ponernos cómodos.

Piensa en la ropa que estás usando. Si estás leyendo este libro a la hora de acostarte, probablemente ya estés en pijama y probablemente estés muy cómodo. Si no llevas ropa cómoda, ve y cámbiate ahora.

No querrás estar pensando en una cinturilla ajustada o un collar que roza. Quieres ropa holgada que no te restrinja.

Cuando tengas ropa suelta, debes asegurarte de que no haya distracciones en su habitación. No querrás que la televisión suene a todo volumen, o que tu hermano mayor juegue un videojuego.

Asegúrate de que todas las distracciones estén resueltas antes de comenzar.

¿Sabes qué más puede ser una distracción? Oler.

Trata de encontrar un lugar para meditar que no tenga muchos olores fuertes. Algunos olores están bien, pero no debe estar en la misma habitación que un repollo hervido.

También debes pensar en el hambre. Si tienes mucha hambre, no podrás concentrarte. Si tienes hambre, coma algo ligero y satisfactorio.

Está bien, ya casi estás listo para comenzar. Llevas ropa cómoda, no tienes distracciones y no tienes hambre.

Ahora, necesitas encontrar un lugar cómodo para meditar. Puedes hacer esto sentado o acostado. La elección depende completamente de ti. Si quieres sentarte, busca una silla cómoda o siéntate en el suelo. Asegúrate de que tu espalda esté recta pero cómoda. Si estás acostado, asegúrate de estar cómodo allí también. Siempre que te sientas cómodo, estarás listo para comenzar.

¿Estás listo?

Cierra tus ojos. El primer paso es regular tu respiración. No importa lo que estés pensando en este momento, solo concéntrate en tu respiración. Respira profundamente y exhala profundamente. Mientras inhala y exhalas, piensa en tu respiración. Concéntrate solo en tu respiración.

Cuando comienzas a meditar, esta es la parte más importante. Meditar tiene que ver con la concentración y el enfoque y cuanto más lo hagas, más fácil te resultará. Con el tiempo, no tendrás que pensar mucho en no pensar, si eso tiene sentido.

Continúa pensando en tu respiración. Si encuentras que tu mente se desliza hacia otra cosa, tráela de regreso a tu respiración. Trata de imaginarte tu estómago y tu pecho subiendo y bajando mientras respiras. Bloquea todo de tu mente mientras piensas en las respiraciones que tomas y las que exhalas.

Disminuye un poco la respiración y concéntrate en mantener un ritmo constante. Si deseas contar mientras respiras, eso puede ayudarte a mantener un ritmo constante.

Ahora, imagine un campo de dientes de león (u otra flor si estás usando algo diferente). Piensa en un campo cubierto de amarillo. Se siente bien en tu mente. Las flores son de un color amarillo brillante y se ven hermosas al sol. Piensa en cómo el sol calienta tu piel y te hace sentir feliz.

Imagínate uno de esos dientes de león siendo recogido. Es el más brillante de todos los dientes de león y te encanta. A medida que se recoge, todos los demás dientes de león se desvanecen hasta que solo queda su diente de león y su negrura. La oscuridad no es nada a lo que temer porque es la ausencia de todos tus pensamientos. No hay nada allí que pueda asustarte o lastimarte.

Concéntrate solo en el diente de león y nada más. Si descubres que tu mente comienza a divagar, tráela de vuelta al diente de león. Piensa en lo amarillo que es e imagina cómo debe oler. Ahora vamos a colocar la flor de diente de león en nuestro pecho.

Vamos a sujetarnos el pecho con la flor amarilla brillante. Imagínate clavándolo allí con un alfiler mágico invisible. Todo lo que puedes ver en tu mente es tu cofre con el diente de león.

Ahora, mientras inhalas, observa cómo se expande tu pecho. Imagínate eso en tu mente. A medida que tu pecho se expande, los pétalos amarillos del diente de león se extenderán tanto como puedan y crecerán un poco.

A medida que exhales, verás que tu pecho se encoge. El diente de león amarillo también se encogerá. Los pétalos se harán más pequeños y se cerrarán hasta que la flor esté completamente cerrada.

Cuando vuelvas a respirar, el diente de león se abrirá lentamente de nuevo y cuando vuelvas a exhalar, el diente de león se encogerá y volverá a cerrarse.

Todo el tiempo que estés haciendo esto, piensa solo en tu pecho, su respiración y el diente de león. Mantén esa imagen y ese pensamiento en tu mente y no pienses en nada más. Si tu mente vaga hacia otra cosa, captalo, reconoce que tu mente vagó y tráela de regreso al diente de león y tu respiración.

Cuanto más practiques mantener el pensamiento del diente de león en tu mente, más fácil se volverá y descubrirás que tu mente vaga cada vez menos.

Continúa inhalando y exhalando todo el tiempo que desees, pensando en el diente de león todo el tiempo. Cuando estés listo, puedes soltar el diente de león y dejarlo volar.

La meditación del diente de león es ideal para una amplia variedad de cosas. Es muy beneficioso a la hora de acostarse para ayudarte a lograr un estado de ánimo relajado que te ayudará a conciliar el sueño más fácilmente y a dormir más profundamente cuando lo hagas. También es excelente cuando te sientes enojado, emocionado o nervioso. Si quieres deshacerte de cualquiera de estos sentimientos, haz algo de meditación sobre el diente de león y observa cómo desaparecen como lo hace el diente de león.

Cuanto más practiques la meditación del diente de león, mejor resultados obtendrás. Y al practicarlo una vez, ya eres mejor meditando que muchos adultos, ¡y qué genial se siente es eso!

## El chico asustadizo

Fifi se miró en el espejo antes de salir de la casa. Ella era un monstruo y como la mayoría de los monstruos, tenía cuernos en la cabeza. Eso hace que sea complicado usar sombreros, pero los sombreros de monstruos tienen agujeros para que puedas meter los cuernos.

Primero, probó un gran sombrero para el sol que era amarillo con lunares morados. Ese se veía bien, pero hoy no lo sentía del todo. Probó una gorra negra más pequeña con rayas verdes luminosas, pero no era lo suficientemente brillante para un día de verano. Al final, se decidió por un sombrero cubierto de espejos. Reflejaría todo lo que hay por ahí, incluidos sus cuernos.

Cuando Fifi estaba contenta con su gorro, se despidió de su padre y su madre y salió. Saltó por el sendero del jardín, su pelo naranja difuso, que cubría todo su cuerpo, revoloteaba con el viento.

Cantó una canción feliz mientras saltaba.

Su mejor amigo, Marcus, estaba enfermo, así que hoy no estaría jugando con él. Cuando los monstruos se enferman, no palidecen como tú y yo. En cambio, se vuelven más brillantes y coloridos. Si ve un monstruo de colores realmente brillantes en la naturaleza, es mejor mantenerse alejado de él, ya que probablemente tenga algo que no quieras tener, una enfermedad de monstruo.

Fifí decidió que iría a jugar sola al arroyo.

"Voy a ir a jugar sola al arroyo", dijo. Y saltó un poco más.

El arroyo estaba al borde del bosque. Había muchos árboles en el bosque, pero era un bosque diferente al que visitaríamos tú y yo.

Cuando la gente piensa en bosques monstruosos, piensa en bosques profundos y oscuros. Apuesto a que tienes una imagen en tu mente de muchos árboles, sin luz entre ellos. Bueno, en el mundo de los monstruos, muchas cosas son lo contrario. En el mundo de los monstruos, los bosques tienen pocos árboles y hay mucha luz entre los árboles. Los bosques monstruosos son muy abiertos y brillantes.

Y eso asusta a los monstruos.

A menudo nos asusta lo que no podemos ver, pero los monstruos se asustan por lo que pueden ver. Esperamos que no haya monstruos en la oscuridad, y los monstruos saben que verán algo aterrador si está allí.

Fifí había aprendido hacía mucho tiempo que el bosque brillante y brillante no era un lugar para tener miedo, así que saltó un poco más entre los árboles y bajó al arroyo.

El arroyo fluía como lo haría un arroyo normal, excepto que el agua era espesa y negra. No se podía ver el fondo del río y si alguna vez te sentabas en él, te sentirías como si estuvieras en un baño de barro.

Fifi chapoteó en el agua, dejando rayas negras por todo su pelaje. Así es a menudo como se lavan los monstruos. A ellos les gusta estar agradables y sucios, tanto como a nosotros nos gusta estar agradables y limpios. Aunque también es divertido ensuciarse.

Fifí se levantó de un salto. Había escuchado un ruido. Era un sonido como el de un ratón riendo. Cuando miró a su alrededor, pudo ver a un niño tirado junto al arroyo. Ella gritó de miedo. Gritó tan fuerte que sus padres la escucharon y llegaron corriendo.

Debo avisarte que la casa de Fifi estaba muy lejos, ¡así que gritó bastante fuerte!

Cuando llegaron los padres de Fifi, Fifi les mostró lo que había encontrado. Sus padres jadearon de horror. Nunca antes habían visto a un niño humano y nunca pensaron que existían. Mantuvieron la distancia y miraron al pequeño.

Los tres retrocedieron un poco y se escondieron detrás de una roca.

"¿Esa es su piel?" preguntó Fifi.

Todos miraron su ropa. No sabían que eran ropa ya que los monstruos no usan ropa, por lo que se veían realmente raros para los monstruos.

"Su piel está colgando de él", dijo la madre de Fifi.

Todos miraron la ropa un poco más, tratando de averiguar qué era. Finalmente, habló el padre de Fifi, la voz de la razón.

"Creo que lleva algo sobre la piel", dijo. "Al igual que usamos sombreros.

Fifi tocó con sus garras el sombrero en su cabeza. Volvió a mirar al chico y tuvo que admitir que su padre podía tener razón. Quizás los humanos usaban algo más que sombreros.

"Espera", dijo Fifi. "Si lleva algo sobre la piel, ¿significa eso que su piel es tan suave por debajo? ¿Dónde está su pelaje?

"Eww", dijo la madre de Fifi. Los tres monstruos miraron su pelaje, tocándolo con sus garras e intentaron imaginar cómo sería no tener pelaje.

"Debe tener mucho frío", dijo el padre de Fifi. "¡Y mira! ¡No tiene cuernos en la cabeza! "

"¡Sin cuernos!" jadeó Fifi. "No tiene cuernos. ¿Cómo pasa la vida sin cuernos? "

Mientras hablaban de esta extraña criatura, se volvieron más valientes y caminaron lentamente hacia el niño. No se acercaron demasiado por temor a que el niño saltara y tratara de comérselos. Cuando estaban a unos pasos de distancia, todos cerraron los ojos con disgusto. No pudieron soportarlo más.

En lugar de tener dos narices, como tendría cualquier monstruo normal, el niño solo tenía una nariz. Fifi tuvo que taparse la boca para que no vomitara. Su boca también era extraña. La boca del niño estaba levemente abierta y Fifi y su familia pudieron ver que la mayoría de sus dientes eran bonitos y planos.

"¿Cómo come piedras si tiene dientes y no puntiagudos como los nuestros?" preguntó Fifi.

"No lo sé", dijo su padre. "Quizás por eso está acostado aquí. Quizás no ha podido comer piedras y se ha derrumbado de hambre".

"Tenemos que traerlo a casa", dijo su madre. "Tenemos que intentar darle de comer algunas rocas para que se fortalezca. Pero no demasiados, o podría volverse demasiado fuerte y tratar de comernos".

Todos acordaron no darle de comer demasiadas piedras, tal vez algunas piedras.

El padre de Fifi levantó al niño, pero lo dejó caer inmediatamente y gritó.

"¡Viste eso!" él gritó.

Todos lo habían hecho. Cuando el padre de Fifi levantó al niño, se dieron cuenta de que el niño no tenía cola. Todos miraron sus propias colas puntiagudas de color púrpura y se preguntaron cómo se las arregló el chico para pasar la vida sin una cola. El horror de todo. Es mejor que no tengas cabeza, pensó Fifi.

Cuando el padre de Fifi se hubo calmado, volvió a levantar al niño y trató de no pensar en la falta de cola. Esta vez, mientras levantaba al niño, los ojos del niño se abrieron y volvió a soltar al niño.

En lugar de tener ojos negros puros como todos los monstruos, este chico tenía ojos azules brillantes. Era la cosa más fea que había visto el padre de Fifi. Si eso no fuera suficiente, el chico hizo el ruido más aterrador.

Para nosotros, el ruido habría sonado como si alguien dijera hola, pero sonó como un grito aterrador para los monstruos. Los tres monstruos corrieron y se escondieron detrás de la roca mientras el niño se quedó allí y los saludó.

Cuando vieron la mano que agitaba, huyeron lo más rápido que pudieron. El niño no solo no tenía garras, sino que solo tenía cinco dedos en lugar de ocho.

Cuando Fifi y su familia llegaron a casa, se escondieron en sus habitaciones durante una semana entera. El niño se había ido cuando finalmente salieron, y nadie creía haber visto algo tan horrible.

Nunca volvieron a ver al chico aterrador.

## La ardilla asustada

Steve miró hacia abajo desde la rama y se sintió mareado. Había un largo camino hasta el suelo y no quería saber qué pasaría si caía al suelo.

"No somos pájaros", dijo Steve.

"No, no somos pájaros", dijo su madre.

Steven se agarró a la rama con sus pequeñas garras, los nudillos de sus diminutos pies se estaban volviendo blancos. Estaba aferrado a la rama con tanta fuerza que pensó que nunca la soltaría. Esto siempre sucedía cuando miraba hacia abajo.

"Somos ardillas", dijo Steve.

"Sí", asintió su madre. "Somos ardillas, pero somos un tipo especial de ardilla".

"Cuéntame de nuevo qué nos hace tan especiales", dijo Steve.

"Somos ardillas voladoras", dijo su madre.

"Pero no como pájaros, ¿verdad?" preguntó Steve.

"Eso es correcto", dijo su madre. "Tenemos piel como capas. No tenemos alas que podamos batir como pájaros, pero sí tenemos capas que nos ayudan a volar. Cuando saltamos de las ramas, podemos extender los brazos y las piernas y deslizarnos de una rama a otra ".

"Oh", dijo Steve.

Cuando nació, no sabía que era un tipo especial de ardilla y no tenía idea de que podía volar. La idea era bastante absurda. Pero cuanto más exploraba el mundo, más descubría que la naturaleza podía ser divertida de diferentes formas.

Una vez había visto un animal salvaje en un arbusto y se había agachado tan quieto como pudo para que el depredador no lo viera. Esperó durante mucho tiempo y finalmente, los ojos se agitaron. ¡Así es! Los ojos se agitaron. No era realmente un animal salvaje, era una mariposa con marcas que lo hacían parecer como si fuera un animal salvaje. Fue un mecanismo de defensa. Impidió que los animales se acercaran demasiado a la mariposa. ¡Y había funcionado!

En otra ocasión, Steve pensó que estaba sentado junto a un simple palo. Ese palo se había convertido en un insecto palo, y Steve había saltado cuando se movió.

Steve no había estado en este mundo por mucho tiempo, pero había aprendido que la naturaleza a veces no funciona como cabría esperar, y él no era diferente.

Cuando se hizo amigo de algunas ardillas, notó que no tenían la piel como la suya. No pudieron darle forma de capa. No pudieron volar.

Mientras estaba sentado en la rama, mirando hacia abajo, trató de no pensar en volar. Tanto su hermano mayor como su hermana mayor volarían de rama en rama, pero aún no lo había aprendido.

"Una vez que lo hayas hecho una vez", dijo su madre, "podrás hacerlo todo el tiempo. Solo se necesita un acto de fe ".

"Eso suena fácil, pero ¿y si no puedo volar?" preguntó Steve.

"Toda ardilla voladora puede volar", dijo su madre.

"Pero hay una primera vez para todo", dijo Steve.

"Eso es cierto", dijo su madre. Ella no podía discutir con ese razonamiento.

"No puedo hacerlo", dijo Steve.

"Eso está bien", dijo su madre. "Podemos intentarlo de nuevo mañana".

Steve se sintió un poco avergonzado de no poder volar como sus hermanos, pero la idea de lanzarse al suelo era demasiado aterradora. No entendía por qué tenía que volar cuando otras ardillas podían correr y saltar.

Cuando Steve levantó la vista del suelo y miró las hojas y ramas que lo rodeaban, se sintió mucho mejor. No importaba lo alto que estuviera, si no miraba al suelo, siempre se sentía seguro. Fue cuando miró hacia el suelo que sintió un hormigueo dentro de su estómago y una sensación de mareo en su mente. Eso le hizo agarrarse a la rama con más fuerza.

Cuando su madre regresó a su casa, Steve corrió por las ramas. Esto no lo desconcertó en absoluto. Mientras no mirara hacia abajo, estaba bien. Sabía que esto era una tontería, pero había una gran diferencia entre caer accidentalmente y caer intencionalmente.

Steve estaba seguro de su posición y agarre. No pensó que se caería accidentalmente, por lo que no se preocupó por golpear el suelo debajo. Pero, si saltaba intencionalmente de una rama, existía la posibilidad de que no pudiera volar. El pensamiento le hizo estremecerse por dentro.

"¿A qué se parece?" preguntó Steve.

Había encontrado a su mejor amiga, Susan, corriendo entre las ramas en busca de nueces. Susan lo miró fijamente y una pequeña sonrisa apareció en su rostro.

"Es difícil de explicar", dijo. "Es una mezcla de emoción y miedo al principio, pero pronto se convierte en la mejor experiencia de tu vida. Cuando te elevas por el aire, te sientes libre. Es la mejor sensación que puedes experimentar una ardilla ".

Steve deseaba poder saltar en ese momento y volar por el aire, pero en el momento en que miró hacia abajo, perdió toda su confianza.

"Tengo que ir a buscar algunas nueces", dijo Susan, y salió corriendo.

Steve se quedó solo y miró hacia abajo rápidamente. Inmediatamente todo su miedo regresó y se agarró a la rama con más fuerza.

"¿Estás bien?" preguntó una mamá ratón. Estaba parada en la puerta de su casa del árbol, mirando a Steve. "Te ves muy pálido".

"Estoy bien, gracias", dijo Steve.

La mamá ratón colgó unas diminutas ropas de ratón y le sonrió. Tres ratones bebés salieron corriendo y entraron y salieron de las piernas de la mamá. Steve sonrió al ver tanta diversión. Recordó cuando era un bebé ardilla y entraba y salía corriendo de las piernas de su madre.

De repente, hubo un chillido.

Uno de los ratones bebés resbaló. La mamá ratón extendió su mano e intentó agarrar una pequeña pata, pero estaba fuera de su alcance. La mamá ratón gritó un chillido fuerte cuando el ratón bebé cayó del árbol.

Steve también se estiró y, antes de saber lo que estaba pasando, extendió los brazos y las piernas. Tenía los ojos pegados al ratoncito y nada más. En ese instante, todo lo demás desapareció. El ratón bebé estaba casi al alcance de la mano.

Steve extendió la mano un poco más y agarró al ratón bebé, acercándolo. Fue entonces cuando se dio cuenta de que volaba por el aire. No tuvo tiempo de asustarse. Agarró con fuerza al ratón bebé y se deslizó hasta una rama del árbol contiguo.

Cuando el ratoncito estuvo a salvo, volvió corriendo hacia su mamá y entró corriendo en la casa. La mamá ratón no pudo agradecer lo suficiente a Steven. ¡Era un héroe! Si no hubiera sido por él, el ratón bebé habría muerto. Había salvado una vida.

Steve se fue a casa y le contó a su familia lo que había sucedido. Todos estaban muy orgullosos de él. Y su madre tenía razón. El verdadero miedo había venido de no saber que podía hacer algo. Había tenido más miedo de no poder volar que de la altura o el suelo.

Ahora que sabía que podía volar, no estaba tan asustado. Mirar hacia abajo todavía lo mareaba un poco, pero sabía que podía superarlo cada vez que saltaba de una rama.

El hermano y la hermana de Steve estaban felices de que él había dado el salto de fe. Después de eso, jugaron juntos todos los días, saltando de rama en rama.

## La varita del poder

Zenia se sentó a la mesa de la biblioteca y miró a sus dos amigas. "¿Realmente vamos a hacer esto?"

"Lo somos", dijo Rafael. Volvió a mirar a Zenia y sostuvo su mirada, mirando profundamente a los vibrantes ojos verdes. A cambio, miró profundamente a sus ojos castaños. Junto a Rafael, Luce se sentó y no dijo nada. Si alguien la miraba a los ojos, vería que tenía un iris verde y otro azul.

Zenia extendió su mano y Rafael inmediatamente puso su mano sobre la de ella. Luce movió su nariz y colocó su mano sobre la de Rafael. El trato estaba hecho, los tres niños estaban ahora juntos en esto, unidos por su voto secreto.

Los lazos de brujas y magos son mucho más fuertes que los de la gente común. Cuando los tres juntaron sus manos, todos juraron estar juntos en esto. Esto significaba que no podrían descansar hasta que hubieran completado con éxito su misión juntos.

"¿Qué te hace pensar que podemos encontrarlo?" preguntó Zenia.

"Todos asumen que la Varita de Poder está escondida en un lugar poderoso, o un lugar con significado, o un lugar que está protegido por muchos hechizos, pero creo que están equivocados", dijo Rafael.

"Tiene sentido", agregó Luce. "Si quieres esconder una varita, entonces debes elegir un lugar donde nunca la encuentren. Si eliges un lugar obvio, lo encontrarán fácilmente. Pero, si elige un lugar donde nadie pensará en buscarlo, podría perderse para siempre ".

Rafael cerró el libro, perturbando un poco el silencio. Los tres niños miraron la portada del libro. En el frente había una imagen de la varita de poder y, en el interior, estaba toda la información que se conocía sobre la varita de poder.

Nadie la había visto durante cientos de años y la gente aún la buscaba. Mientras buscaban, crearon destrucción y miseria. Este era el poder de la varita.

"Irradia maldad", dijo Rafael. "La última persona que poseía la varita casi sucumbió a ese mal y habría hecho cosas muy malas si sus hijos no la hubieran robado y escondido. Cualquiera que llegue a tanto poder comienza a hacer cosas malas. Incluso aquellos que buscan la Varita de Poder hacen cosas malas. Tenemos que encontrarla ".

"¿Y los hijos del último dueño de la Varita de Poder escribieron este libro sobre la varita?" preguntó Zenia.

"Lo hicieron", dijo Luce. Casi nadie conocía el libro mejor que ella. Lo había leído de cabo a rabo al menos cien veces.

"¿Y crees que lo escribieron para dejar pistas para que alguien la encontrara?" preguntó Zenia.

"Para que algunos niños la encuentren", respondió Luce. "Los niños piensan de manera diferente a los adultos y están menos corrompidos por el poder. Querían que la varita estuviera oculta para que perdiera parte de su poder maligno. Solo entonces se volvería a encontrar".

"Y seremos nosotros los que lo encontremos", dijo Zenia.

"Sí", dijo Luce. "Lo haremos." Miró a Zenia y no le gustó la expresión del rostro de Zenia. Zenia era la más vieja y la que tenía más probabilidades de ser cambiada por el poder de la varita.

"¿Así que por dónde empezamos?" preguntó Rafael.

"Como saben, esta biblioteca fue construida en el lugar exacto de Raven Lodge, la última ubicación conocida de la Varita de Poder. Hay una mención en el libro del pozo profundo. Creo que tenemos que ir allí", dijo Luce.

"Entonces, ¿qué estamos esperando?" preguntó Zenia. Levantó su bolso y rebuscó en él, sacando una cuerda, linternas, barras de granola y una brújula.

Rafael y Luce sonrieron. Fue divertido emprender otra aventura.

Salieron de la biblioteca y se adentraron en la oscuridad del mundo exterior. El sol se había puesto recientemente y la oscuridad en el cielo era más azul que negra. Los tres niños caminaron en silencio hacia el pozo y miraron a su alrededor para asegurarse de que no hubiera adultos. No querían que los siguieran y que les robaran la varita.

Rafael ató cuerdas a la parte superior del pozo y Zenia hizo los nudos. Los tres niños bajaron al pozo con sus linternas.

Cuando llegaron al fondo del pozo, encontraron que había túneles que conducían a todas direcciones.

"Esto podría llevar mucho tiempo", dijo Zenia.

Con mucho cuidado, las dos brujas y el mago comenzaron a explorar el laberinto de túneles, mapeándolos a medida que avanzaban. Muchas veces, se encontraron de nuevo en el fondo del pozo pero, lentamente, crearon un mapa de toda la red de túneles.

Cuando se encontraron en el fondo del pozo por última vez, se sintieron frustrados. Habían trazado un mapa de todos los túneles, pero cada túnel conducía de regreso al lugar donde habían comenzado. Independientemente de la dirección que tomaran, volvieron al principio.

"¿Que hacemos ahora?" preguntó Zenia.

"No lo sé", dijo Rafael. "No importa lo que hagamos, siempre nos devuelven aquí. Debe haber un túnel secreto en alguna parte, algo que nos hemos perdido ".

Los tres niños recorrieron los túneles una vez más, registrando cada centímetro de las paredes, pero no había pasadizos ni habitaciones secretos. Solo estaban los túneles y nada más. Los tres miraron el mapa que habían dibujado y fruncieron el ceño.

"¡Espera!" gritó Zenia. "Si giras el mapa de esta manera, parece que está escrito".

"Si está", dijo Luce. "¿Qué dice?"

"Vuelve al principio", dijo Zenia.

"¿El principio?" cuestionó Rafael. "Qué se supone que significa eso. Eso es lo que hemos estado haciendo durante horas. ¿Cómo nos ayuda eso? "

Rafael y Zenia miraron a su alrededor en el fondo del pozo para tratar de encontrar un secreto, pero no había ninguno.

"Aquí no," dijo Luce. "Este no es el principio. Fuimos llevados aquí por el libro. Tenemos que revisar el libro de nuevo ".

Los tres volvieron a trepar por la cuerda y regresaron a la biblioteca, la parte inferior de sus pantalones y zapatos goteaba mientras caminaban. Cuando regresaron a la biblioteca, encontraron el libro y lo dejaron sobre la mesa.

"Pero has leído esto cientos de veces", dijo Zenia. "Si hubiera otro secreto aquí, lo habrías encontrado. ¿Por qué nuestra búsqueda nos lleva de regreso a este libro?"

"Termina aquí," dijo Luce. Ella miró el libro frente a ella, y Zenia y Rafael también miraron. Cuanto más miraban los tres, más entendían.

Sin decir nada, los tres se agacharon juntos y tomaron la varita del frente del libro. Había estado oculto a plena vista todo este tiempo.

Zenia fue quien la agarró con firmeza y la levantó. Luce pudo ver la mirada en sus ojos. Había tanto poder en la varita, y Zenia podría hacer lo que quisiera, pero eventualmente se volvería malvada.

"El plan", dijo Luce.

Zenia miró a los ojos de diferente color de Luce y asintió. "El plan."

Con eso, Zenia lanzó el último hechizo que lanzaría la varita. Con un movimiento de su muñeca, usó la Varita de Poder para hacer que la Varita de Poder desapareciera para siempre. Y con eso, algo del mal también dejó el mundo.

Los tres amigos se fueron a casa y soñaron con sus próximas aventuras.

## El último elfo

Stroop se miró los dedos de los pies. Incluso para ser un elfo, tenía los dedos de los pies muy peludos. A lo largo de los años, el pelo de los dedos de los pies ha seguido creciendo y creciendo, y otros elfos a menudo lo comparan con un hobbit. Pero eso fue hace mucho tiempo.

Stroop estaba casi seguro de que era el último elfo del mundo. Stroop tenía exactamente cien años. Se sentó en el tocón de un árbol y movió los dedos de los pies, preguntándose si debería cortarse el pelo de los pies. Decidió que lo haría más tarde.

Había una historia que su abuela siempre le había contado. Eso fue hace mucho tiempo cuando él era solo un bebé. Ya no era un bebé.

Su abuela siempre decía: "Mientras quede un elfo, prevalecerá toda nuestra raza".

Stroop no estaba seguro de qué hacer con eso. Había sido el último elfo de su aldea y había pasado los últimos siete años buscando otro elfo. Cuando dejó su aldea, hace siete años, pensó que sería fácil encontrar más elfos, pero estaba cada vez más convencido de que no quedaban más elfos en el mundo, solo él.

Se puso de pie y se rascó detrás de las orejas puntiagudas. Una vez había medido dos metros de altura, pero eso fue cuando era más joven. A medida que había envejecido, sus hombros comenzaron a inclinarse y ahora solo medía un poco más de seis pies de altura.

"Stroop con una caída", cantaba una y otra vez mientras caminaba. Aunque estaba seguro de que era el último elfo del mundo, todavía buscaba más. No quería ser el último elfo del mundo. ¿Quién cuidaría los bosques?

Su abuelo siempre decía: "Los elfos nunca serán olvidados, siempre y cuando quede uno".

Estas palabras de su abuelo lo mantuvieron activo. Sabía exactamente lo que querían decir, pero si era el último elfo del mundo, tenía la responsabilidad de hacer algo. No podía dejar que los elfos se extinguieran.

Entonces, caminó y caminó, buscando cualquier signo de vida de elfo.

Se detuvo primero en el reino humano. Durante mucho tiempo, los elfos y los humanos vivieron uno al lado del otro, ayudándose unos a otros. Los humanos siempre habían sido buenos amigos de los elfos y se sorprendieron al ver a Stroop.

"Pensamos que todos los elfos se habían ido", dijeron.

"No me he ido", dijo Stroop. "Aún no. ¿Sabes adónde fueron los elfos?

"No lo sabemos", dijeron. Y miraron los pies extremadamente peludos de Stroop.

Stroop abandonó el reino humano y continuó su camino. A continuación, probaría el reino enano. Los elfos y los enanos habían sido rivales durante un tiempo, pero ambos se respetaban.

Los enanos vivían en las montañas, principalmente en la minería subterránea de metales preciosos y gemas. A Stroop no le gustaba hacer explotar las cuevas y tuvo que encorvar la espalda para poder caminar a través de ellas. Cuando lo vieron, los enanos se sorprendieron al ver a un elfo en sus cuevas y llevaron a Stroop al rey enano.

"No pensé que quedaran elfos", dijo el rey enano.

"No estoy seguro de que los haya", dijo Stroop.

"Eso es triste", dijo el rey enano.

"Sí, lo es", dijo Stroop.

"Tienes los pies muy peludos", dijo el rey enano. "Deberías vivir con hobbits".

Stroop ya sabía que tenía los pies muy peludos. No necesitaba que el rey enano le dijera eso. Stroop agradeció al rey enano y salió de las cuevas. Había planeado ir a visitar a los hobbits a continuación, pero no por sus pies, vivían cerca de los enanos.

A los hobbits les gusta vivir donde hay mucho verde. Les gusta cultivar verduras y les gusta el sol. Stroop fue al reino de los hobbits y pronto fue invitado a tomar el té con todo el pueblo. Miraron sus pies inusualmente peludos y lo invitaron a vivir con ellos. Stroop declinó cortésmente.

"¿Has visto algún elfo?" preguntó Stroop.

"Solo tú", respondieron.

"Eso es una lástima", dijo Stroop. Se despidió y dejó a los hobbits, aunque muchos lo siguieron fuera del pueblo y trataron de tocarle los pies mientras caminaba. Las siguientes personas en visitar fueron los magos. Vivían en torres altas, y se podían ver esas torres en la distancia.

Cuando Stroop llegó a la torre más cercana, hizo el largo ascenso hasta la cima de la torre y encontró a dos magos jugando al ajedrez.

"Hola", dijo uno de los magos.

"Hola", dijo Stroop.

"¿Has venido por un hechizo?" preguntó el mago. "¿Necesitas un hechizo para quitarte el pelo de los pies?"

"No, pero gracias", dijo Stroop. "Soy muy mayor y por eso tengo tanto pelo en los pies". Miró a través de la tierra. Podía ver todos los reinos que había visitado. El reino de las hadas estaba iluminado en la distancia, podía ver algún movimiento del reino gigante y los fuegos orcos ardían en la distancia. Había estado en todos los reinos y no había encontrado ningún elfo.

"Estás aquí buscando elfos, ¿no es así?" preguntó el mago.

"Así es", dijo Stroop, "pero me temo que solo encontraré malas noticias. Soy el último elfo del mundo, ¿no?

El mago lo miró de arriba abajo. "A veces, la vida es como una partida de ajedrez. Al comienzo del juego, hay infinitas posibilidades y movimientos, pero cuantas menos piezas haya, menos movimientos tendrás. Eres la última pieza y solo queda un movimiento más ".

"Debo visitar el espíritu del bosque", dijo Stroop.

"Sí, debes hacerlo, como hacen todos los elfos al final de sus vidas", dijo el mago.

"Lo he pospuesto durante demasiado tiempo", dijo Stroop. Le dio un abrazo al mago y se fue para viajar de regreso a su reino natal, el reino de los elfos. Realmente era el último elfo del mundo, y era el momento de pasar al otro mundo.

Cuando llegó a casa, se sentó junto al río, donde a menudo se sentaba con sus abuelos mientras le contaban historias. Pescarían y jugarían.

"Hola, Stroop", dijo una voz desde atrás.

"Hola", dijo Stroop. Se dio la vuelta para ver el espíritu del bosque, una blancura brillante y reluciente en el cielo.

"Es el momento", dijo el espíritu del bosque.

"He fallado", dijo Stroop. "He buscado y buscado más elfos, pero soy el último. No pude encontrar ninguno ".

"Pero lo has intentado y eso es todo lo que importa", dijo el espíritu del bosque. "Ahora, acuéstate en el río y encuentra tu recompensa mientras te transportan de este mundo al siguiente".

Stroop hizo lo que le dijo y se acostó en el agua. Mientras lo hacía, se sintió más ligero que el aire.

"Como siempre ha sido, así será nuevamente", dijo el espíritu del agua.

Stroop podía sentir que le quitaban la vida, y sabía que estaba pasando de este mundo al mundo espiritual. Mientras flotaba en el río, los pelos de sus pies se lavaron. Cada uno voló por los aires y bailó. Todos y cada uno de los cabellos aterrizaron en la orilla del río y se convirtieron en elfos. Un millón de elfos nacieron de nuevo cuando Stroop pasó a la siguiente vida.

Una sonrisa apareció en su rostro mientras exhalaba su último aliento. Los había encontrado a todos. La raza de los elfos seguiría viviendo.

## El elefante rosa

Cuando se inauguró el zoológico de Fairburg, fue un evento al que asistió toda la ciudad. Había habido mucha emoción durante semanas y casi todo el mundo había comprado una entrada para el día de la inauguración. Incluso el alcalde estaría allí.

El alcalde Fair incluso había salido y había comprado un nuevo par de tijeras de gran tamaño para cortar la cinta que estaría atada en la puerta principal. Eso significaría que el zoológico estaba oficialmente abierto. En la mañana de la gran inauguración, estaba ocupado planchando sus calcetines de alcalde mientras su esposa estaba puliendo las tijeras recién compradas para que brillaran intensamente.

"Este será el mejor día de mi vida", dijo el alcalde.

"Oh, sí", asintió su esposa. "El mejor día."

En el zoológico, los cuidadores estaban preparando a todos los animales.

Las barras de las jaulas se revisaron tres veces. Esto no fue solo para garantizar la seguridad de las personas que visitaron, sino también de los animales. A la gente le gusta acariciar a los animales, especialmente si son lindos. Eso no es bueno para los animales.

Los animales también necesitaban ser alimentados. La mayoría de ellos serían alimentados ahora, pero algunos serían alimentados más tarde. Aquellos serían alimentados cuando llegara la gente.

¿Alguna vez te has sentado y has visto a tus padres comer? ¿Alguna vez has visto a otra persona comer y has pensado que era fascinante? Probablemente no, pero a la gente le resulta fascinante cuando los animales cenan. La gente es rara.

Ron era el encargado principal del zoológico. Su hija, Katy, lo estaba ayudando. Primero, alimentaron a los leones con grandes trozos de carne cruda. Después de eso, arrojaron semillas a los recintos de aves exóticas. Luego vinieron las ardillas y les dieron nueces y bellotas. Los monos fueron la siguiente parada, y apuesto a que puedes adivinar de qué se alimentaron. Sí, ¡les dieron espaguetis y albóndigas! Estoy bromeando, les dieron muchos plátanos brillantes.

"A los monos les gustan los plátanos", dijo Katy.

"Seguro que sí", asintió su padre.

Ron puso sus manos en sus caderas y miró alrededor del zoológico con una gran sonrisa. El alcalde llegaría en unos minutos y todo estaba listo para funcionar. Este día iba exactamente como estaba planeado.

"¿Tenemos tiempo para visitar a los elefantes antes de que abra el zoológico?" preguntó Katy. Los elefantes eran su animal favorito en todo el zoológico.

"No veo por qué no", dijo su padre. Caminó detrás de Katy mientras ella cruzaba el zoológico hacia los elefantes. Cuando llegaron allí, los elefantes estaban jugando en el agua y el bebé elefante estaba rociando agua en el aire con su trompa.

"¡Mira, papá!" gritó Katy.

"Es un pequeño elefante juguetón", dijo su padre.

Katy vio a los elefantes jugar un poco más hasta que su padre la interrumpió.

"Vamos, vamos a la puerta para que podamos escuchar el discurso del alcalde y dar la bienvenida a todos", dijo su padre.

Katy estaba a punto de empezar a saltar de nuevo cuando saltó en el aire. La sorprendió el grito de su padre.

"¡Oh no!" él gritó. Katy miró hacia donde miraba su padre. Encima del recinto de los elefantes había una señal. En ese letrero, no había palabras. Se suponía que debía haber una palabra.

Se suponía que decía: ¡Elefantes!

En cambio, no dijo nada.

"Sé que la gente sabrá que estos son elefantes, pero todo debería estar perfecto para el primer día. Todos los demás recintos de animales tienen un nombre de animal encima, y este también debería tenerlo ", dijo su padre.

"Pero no hay tiempo", dijo Katy agitada.

"Tenemos unos minutos. ¡Podemos hacer esto!" gritó su padre.

Mientras todos gritaban, el bebé elefante se había acercado a donde estaban Katy y su padre para ver qué estaba pasando. Katy saludó al elefante y supo que se merecían lo mejor.

"Podemos hacer esto", coincidió Katy.

"Iré a buscar la escalera", dijo su padre. "Katy, corre y consigue un poco de pintura y un pincel".

Con eso, su padre se fue corriendo hacia el cobertizo de mantenimiento. Katy no perdió el tiempo y salió corriendo hacia el cobertizo de pintura. Cuando llegó allí, encontró ciento una latas de pintura diferentes. Todos eran de diferentes colores.

"Hmm", dijo Katy. "Papá no me dijo qué color traer de vuelta, así que supongo que tendré que elegir".

Ella miró a través de todos los colores: azul, rojo, verde, negro, amarillo, gris... ¡y rosa!

"¡Rosado!" exclamó Katy. "El rosa es el color perfecto".

Agarró el cubo de pintura y encontró un pincel. Katy pronto regresó corriendo al recinto de los elefantes. Cuando regresó, su padre corrió hacia el recinto con una escalera. Rápidamente lo instaló y agarró el pincel.

"¿Rosado?" él dijo. "No importa."

Su padre abrió la pintura y la subió a la parte superior de la escalera. Mojó el pincel y empezó a pintar las letras.

"E", dijo. "L."

Katy se quedó abajo y vio a su padre pintar las letras.

"E", dijo.

El bebé elefante se acercó y miró también. Metió su baúl a través de las puertas en la parte delantera del recinto y golpeó la escalera. La escalera se sacudió de lado a lado pero no cayó.

"F", dijo. "A."

El elefante se estiró para intentar agarrar el pincel y volvió a golpear la escalera. La escalera se balanceó de lado a lado y el padre de Katy casi se cae. Se agarró al letrero y apenas se aferró.

"N", dijo. "¡T!"

El elefante se estiró de nuevo y golpeó la escalera una vez más. Se meció y se meció y se meció y se meció y... no cayó.

"E", dijo finalmente.

El bebé elefante estaba tratando de agarrar el pincel y Katy extendió la mano para evitar que volviera a balancear la escalera. Su padre había terminado y necesitaba bajar.

Cuando Katy extendió la mano, rozó suavemente la escalera con el extremo de la manga. La escalera entera cayó, seguida de Ron, el pincel y la pintura.

Afortunadamente, Ron no se cubrió de pintura. Katy se alegró de no mancharse con pintura. Ambos miraron hacia arriba y vieron la señal perfecta. Se acercó el sonido de una multitud y rápidamente movieron el equipo de pintura.

"¡Un elefante rosa!" gritó el alcalde.

Ron y Katy se asomaron por la esquina para ver al bebé elefante cubierto de pintura rosa de la cabeza a los pies. La gente no se cansaba del elefante rosa y todo el mundo se fotografiaba con él.

Por supuesto, cuando el zoológico cerró por el día, tuvieron que lavar la pintura rosa del elefante. Cogieron grandes cepillos para fregar y restregaron al bebé elefante hasta que estuvo limpio de nuevo y se puso gris en lugar de rosa.

Cuando las personas regresaron al zoológico al día siguiente, se sintieron decepcionadas al descubrir que solo había elefantes grises, y nadie creía haber visto un elefante rosa. No hasta que la gente mostró sus fotos de sí mismos con el elefante rosa.

Katy se alegró de que la gente pasara tanto tiempo con los elefantes, e incluso difundió el rumor de que el elefante rosa era un elefante mágico que solo aparecería cuando la gente creyera en él.

Mucha gente creyó en el elefante rosa y regresó con la esperanza de verlo, pero nadie lo volvió a ver nunca más.

## El animador

Max se sentó en la primera fila del juego. Estaba viendo a su equipo escolar jugar baloncesto. Anhelaba estar en el equipo de baloncesto, pero no estaba hecho para eso. Esto lo entristeció.

A veces, simplemente no estás hecho para ser algo, y así es. Faltaban diez segundos y su equipo escolar iba un punto por detrás. El entrenador pidió un tiempo muerto, y Max estaba lo suficientemente cerca para escuchar al entrenador dar instrucciones a su equipo. Les quedaba una jugada para anotar una canasta y ganar el juego.

"Ojalá estuviera en el equipo. Apuesto a que anotaría la canasta ganadora ", se susurró Max. Pero sabía que no podría hacerlo. No era muy bueno en el baloncesto y los jugadores del equipo eran mucho mejores que él.

"Esta es tu oportunidad", dijo el entrenador. "Si haces esta jugada, llegaremos a la final del campeonato".

El técnico pasó a detallar el plan de la jugada final. Max pensó que era un muy buen plan y estaba muy emocionado. Pudo ver que el jugador estrella también estaba muy emocionado. Parecía muy nervioso y negaba con la cabeza.

"No te pongas nervioso ahora", susurró Max. "Eres el mejor jugador que tenemos. Si alguien va a hacer esto, es usted. Sal y muéstrales a todos lo que puedes hacer ".

Max había querido que esto fuera un susurro, pero el jugador estrella escuchó y miró a Max a los ojos. "Gracias, Max", dijo, y Max se sonrojó.

Se hizo sonar el silbato y comenzó la jugada. Max observó cómo todo se ejecutaba sin problemas. La pelota terminó en las manos del jugador estrella, quien la lanzó justo antes de que sonara el timbre. El balón aterrizó perfectamente en la canasta y la multitud se volvió loca.

Max saltó arriba y abajo en su asiento. Aún deseaba poder jugar, pero estaba feliz de que el equipo hubiera ganado.

Max salió de la arena con su mamá. Se dirigían al helado para celebrar la victoria del equipo. Su hermana mayor también vendría, aunque no hablaba mucho. Tenía un examen mañana y estaba preocupada por eso.

Mientras caminaban hacia su automóvil, Max vio una línea de patos bebés caminando detrás de una madre pato. Cruzaron la carretera como un pato y los patos despegaron, batiendo sus alas y volando por el aire.

"Ojalá pudiera volar", dijo Max.

Vio uno de los patos bebé. No había despegado y graznaba en el suelo, mirando a sus hermanos y hermanas. Max corrió rápidamente y lo recogió. Lo sostuvo en sus manos y susurró: "Puedes hacer este patito, creo en ti".

Max le dio unas palmaditas en la cabeza al pato y movió suavemente las manos hacia arriba. Mientras lo hacía, el pato despegó de sus manos y batió sus alas por primera vez. Max lo vio volar por el cielo y deseó poder volar. Estaba feliz de que el pato bebé pudiera volar, incluso si él no podía.

Cuando llegaron a la heladería, Max pidió un helado grande con caramelo, chispas de chocolate, cerezas, nueces, dulce de azúcar y una oblea que sobresalía por encima. Su madre tenía un cuenco de helado con salsa de chocolate y su hermana un cono de helado de vainilla simple, lo cual era extraño ya que normalmente tenía algo de chocolate.

Apuesto a que está preocupada por su prueba, pensó Max. No sabía por qué estaba preocupada. Su hermana era la persona más inteligente que conocía, y deseaba poder ser tan inteligente como ella, pero sabía que nunca lo sería.

"Las pruebas también me ponen nervioso", dijo Max, y su hermana dejó de lamer su cono de helado y lo miró. "Entiendo por qué estás nerviosa, pero no deberías estarlo. Eres tan inteligente y has trabajado tan duro, y no hay forma de que falles esta prueba ".

La hermana de Max miró a Max con la boca abierta. Después de unos segundos, dijo: "Gracias, Max. Eso es algo muy dulce de decir ". Después de eso, se fue a buscar algunas chispas para poner en su helado.

"Eres un chico muy dulce", dijo la mamá de Max.

## El torneo de tiro con arco

Finnegan estaba muy emocionado de que llegara el torneo de tiro con arco. Había estado entrenando durante semanas y había perfeccionado toda su técnica. Había fabricado las mejores flechas, un maestro arquero le había hecho un arco y sentía los brazos fuertes.

El torneo se celebraba todos los años, pero este era muy especial. Cada diez años, todas las carreras fueron invitadas al torneo. Durante nueve años, solo los humanos compitieron, pero cada diez años, elfos, enanos, orcos, magos, hadas y cualquier otra raza podían enviar a sus mejores competidores a competir en la competencia de tiro con arco.

Finnegan tenía solo once años, pero había ganado la competencia durante los últimos tres años. Incluso había vencido a todos los adultos y era el mejor arquero humano del reino, si no del mundo. Ahora, tenía la oportunidad de demostrar que era el mejor arquero del mundo.

"Hay una competencia feroz ahí fuera", dijo Fergus. Finnegan y Fergus habían sido mejores amigos desde que empezaron la escuela juntos, y donde uno iba, el otro lo seguía. Fue difícil encontrar a uno solo.

"¿Hiciste algo de espionaje?" preguntó Finnegan.

"Lo hice", dijo Fergus con una sonrisa descarada en su rostro.

"¿Y?" preguntó Finnegan. Se estaba poniendo un poco nervioso, pero no dejaba que eso se notara.

"Los arqueros elfos son realmente buenos, y los arqueros orcos definitivamente intentarán hacer trampa, así que ten cuidado con eso. Además, los magos están obligados a usar magia. Quiero decir, ¿quién va a saber si lo hacen? dijo Fergus.

"Entonces, ¿algún consejo?" preguntó Finnegan.

"Simplemente haz lo que haces y serás el ganador", dijo Fergus.

Finnegan asintió y abrazó a su amigo. Sabía que Fergus estaría con él todo el camino y eso lo calmó. Fergus siempre había estado a su lado en todas las competencias.

Comenzaron las rondas preliminares y Finnegan no tuvo problemas para superar las puntuaciones de los demás, pero hubo un elfo que se acercó.

Finnegan tuvo que reírse cuando un mago fue expulsado de la competencia. Todos habían visto la flecha doblarse y curvarse en el aire de una manera imposible antes de dar en el blanco. A otro mago le confiscaron un juego de flechas verdes brillantes. Y un tercer mago fue expulsado de la competencia por convertir a un orco en un conejito.

"Parece que es bastante fácil detectar magos usando magia", dijo Finnegan.

"Eso es lo que hacen", coincidió Fergus.

"Suenas preocupado", comentó Finnegan. Se volvió para mirar a su amigo.

"Vi a alguien mirándote durante el torneo. No pude decir quién era ni qué estaban haciendo, pero me preocupa que alguien esté tratando de sabotearte ", dijo Fergus.

"Está bien", dijo Finnegan. "Vigílalos y haré todo lo posible para ganar esto".

"No debería ser un problema con su desempeño hasta ahora", dijo Fergus.

Finnegan sonrió y se fue a buscar algo de comida. En las siguientes etapas, los competidores se agruparon. Cuanto mejor lo hicieras, más alto estabas el grupo, y eso significaba que Finnegan estaba en el mismo grupo que el elfo que había notado antes, junto con otro elfo, un orco y un humano de otra ciudad.

Comenzó la siguiente etapa y la competencia continuó. Finnegan miró a su alrededor en busca de Fergus. Estaba en algún lugar de los terrenos del castillo, pero Finnegan no podía verlo. Debe haber estado buscando a la misteriosa figura encapuchada.

El siguiente evento consistió en dar en el blanco lo más rápido posible. Finnegan estaba a la cabeza, por lo que tenía que ir primero. Cuando comenzó el cronómetro, rápidamente sacó flechas y se movió por la línea de objetivos. Algunos estaban oscurecidos por obstáculos, y algunos tenían que alinearse a través de pasajes y aros.

Habría sido difícil para cualquier otra persona, pero fue sencillo para Finnegan. Tomó una flecha, la golpeó, tiró hacia atrás y la soltó con un movimiento fluido. Las flechas temblaron mientras volaban por el aire, ¡y cada una dio en el blanco con un golpe!

Se dispararon diez flechas y se dieron en el blanco diez perfectos blancos. Finnegan sabía que no había posibilidad de vencer eso, por lo que pasaría a la final en primer lugar.

Tenía razón en que nadie le ganó, pero la actuación del elfo le preocupó. El elfo se movió como lo hizo y acertó en la diana cada vez. Siete de las flechas se estrellaron en cada diana en casi el lugar exacto que tenía Finnegan, pero tres en realidad dividieron las flechas de Finnegan y aterrizaron exactamente en el mismo lugar que la suya.

Finnegan quedó impresionado.

"Ahí estás, Fergus", dijo Finnegan. "¿Viste mi actuación? Estoy en la final con el elfo. Estoy seguro de que ganaré, aunque el elfo es un duro competidor".

"Es una excelente noticia, pero tenga cuidado", dijo Fergus. "Volví a ver a la figura encapuchada y definitivamente te estaba mirando. Estoy seguro de que es un elfo. Debe querer que el otro elfo gane. Intentaré atraparlo antes de que pueda hacer daño, pero mantente alerta".

"Lo haré", dijo Finnegan. "Gracias."

Se anunció la ronda final del torneo. Solo quedaban dos competidores: Finnegan y el elfo. Se alinearon en el rango del objetivo y miraron al objetivo. Se colocó a quinientos metros de distancia.

No había mucha gente en el mundo que pudiera acertar a un objetivo desde tan lejos, y mucho menos conseguir una diana, pero la persona más cercana a la diana con su única flecha ganaría el torneo.

Finnegan sonrió. Sabía que podía dar en el blanco a esa distancia y confiaba en acercarse también a la diana. Miró al elfo y el elfo parecía confiado. Finnegan estaba emocionado por el desafío.

"Fergus", dijo cuando vio a Fergus entre la multitud. Iba detrás de la figura encapuchada y Finnegan vigilaba a ambos. No iba a perder este torneo ahora. Un disparo era todo lo que tenía.

"Listo."

Finnegan y el elfo tomaron una flecha y los derribaron con sus arcos. Retrocedieron al mismo tiempo y esperaron.

"¡Fuego!"

Allí como un relámpago, y ambos competidores dispararon sus flechas. La flecha del elfo voló directamente por el aire y dio en el blanco. La multitud rugió. La flecha de Finnegan voló hacia arriba y fuera del castillo.

La gente del pueblo no podía creer que su campeón hubiera perdido. El elfo miró a Finnegan y llamó a uno de sus hombres. Envió al hombre a hacer un recado.

Fergus pronto emergió de la multitud con el elfo encapuchado.

"Hermano", dijo el elfo.

"Su majestad," dijo el elfo encapuchado en tono burlón.

"Tú eres el rey de los elfos", dijo Finnegan. Se inclinó ante el rey.

"No, no te inclinas ante nadie. Soy yo quien debería inclinarme ante ti. Me salvaste la vida y eres un digno ganador de este torneo ", dijo el rey elfo.

"Pero has dado en el blanco", dijo Finnegan.

"Tú hiciste el tiro más duro", dijo el rey elfo. Miró a los espectadores a su alrededor y habló con voz regia. "Damas y caballeros, he sido el rey de los elfos durante muchos años, algo con lo que mi hermano no está de acuerdo. Ha venido aquí para matarme, pero tu campeón humano me ha salvado ".

El elfo regresó de su misión con una flecha en la mano. Se lo pasó al rey elfo, que lo examinó con atención.

"Esta flecha vino del arco de Finnegan. Vi el ataque demasiado tarde, pero no lo hizo. Mientras disparaba mi flecha, mi hermano usó un dardo, sin duda venenoso y tan pequeño como una aguja. Al final de esta flecha está el dardo venenoso. Finnegan logró acertar el dardo mientras volaba por el aire y me salvó la vida. Nadie disparará una flecha con tanta precisión como ésta. ¡Le concedo el torneo al digno ganador, Finnegan! "

"¡Finnegan!" gritó la multitud. "¡Finnegan!"

Ese fue el torneo que lo cambió todo. Se salvó un rey elfo, y los siguientes torneos siempre incluían una ronda en la que los arqueros tenían que derribar objetivos que volaban por el aire.

Finnegan ganó los siguientes diez torneos antes de retirarse y abrir su propia escuela de tiro con arco.

## El alce solitario

Alce caminó por el denso bosque. Mantuvo en alto sus grandes cuernos y se pavoneó entre los árboles. Hoy era un día muy especial para Alce. Hoy era su cumpleaños. Hoy, Alce cumplía ocho años y estaba ansioso por celebrar con sus amigos.

Se preguntó si sus amigos le habrían traído algunos regalos. Le encantaba recibir regalos y estaba cumpliendo ocho años. Cuando eres un alce, tu octavo cumpleaños es muy importante, y Alce estaba más emocionado de lo que había estado en mucho tiempo.

Alce caminó bajo el gran roble y miró hacia arriba. Este era el árbol donde vivía Búho.

"¡Búho!" gritó Alce. "¿Estás ahí arriba?"

Alce esperó al pie del árbol antes de gritar el mismo saludo. Después de esperar mucho tiempo, no escuchó un ulular de las ramas de arriba. No escuchó un "ooo", ni escuchó el susurro de las plumas o el batir de alas.

Alce sabía que Búho solía dormir hasta tarde, pero siempre se despertaba cuando escuchaba a su amigo gritar desde abajo. Esta vez, no había señales de

Búho. Alce se preguntó si Búho habría salido en un vuelo matutino.

La siguiente parada fue el río. Alce tenía muchos buenos recuerdos de jugar junto al río y le encantaba chapotear en las partes poco profundas mientras su mejor amigo construía su casa. Castor siempre estaba ocupado, pero esta mañana, Castor no estaba por ningún lado.

"¡Castor!" gritó Alce.

Por lo general, Castor se encontraba corriendo sobre los troncos que había usado para construir su casa, o colocando nuevos troncos en la parte superior de su casa o en las orillas, royendo más árboles para hacer más troncos. Pero esta mañana, no había señales de Castor por ningún lado.

"¡Castor, es mi cumpleaños!" gritó Alce.

Aún así, no hubo sonido. No se oyó el golpe de una cola al golpear el suelo ni el sonido de un crujido de dientes cortando madera. No había ni rastro de Castor en absoluto.

"Volveré", dijo Alce, pero estaba empezando a sentirse solo. Tenía muchos amigos y eso lo animaba, pero había estado en dos de las casas de sus amigos y ninguno de ellos estaba allí. Este no se perfilaba para ser el cumpleaños increíble que pensó que sería.

"Tengo que mantener una actitud feliz", se dijo Alce. No quería empezar a sentir lástima por sí mismo, pero era difícil controlar sus emociones. Se sentía como un alce muy solitario.

Alce siguió caminando por el bosque y pronto llegó a la espesa maleza. Aún recordaba la primera vez que conoció a Tigre. Tigre había tenido tanto miedo de él como de Tigre. Ambos se habían reído mucho de eso más tarde. Alce esperaba que Tigre estuviera allí para que pudieran reírse de eso ahora. Eso lo haría sentir mucho mejor.

"¡Tigre!" Llamó Alce. "¡No tengas miedo, soy yo, Alce!" Alce se rió un poco al pensar que Tigre estaba asustado cuando se conocieron. Se rió un poco más de lo asustado que había estado cuando conoció a Tigre.

"¡Tigre!" Alce gritó de nuevo. Escuchó algún crujido de ramas, pero no llegó. No hubo rugidos ni ronroneos. Alce esperó y esperó, pero no había ni rastro de su amigo.

Alce se alejó con un sentimiento de hundimiento en su corazón. Se suponía que este era un día tan feliz, pero se estaba volviendo muy solitario. Bajó la cabeza para que sus astas no estuvieran erguidas y orgullosas.

Alce pensó en irse a casa, podría estar solo en casa en lugar de estar solo en el bosque, pero quería encontrar al menos un amigo con quien pasar su cumpleaños, sin importar quién fuera. Estaba seguro de que sus amigos estaban por ahí en alguna parte, solo tenía que encontrarlos.

Alce caminó hacia el gran estanque. El sol se había elevado más alto en el cielo y la luz del sol rebotaba en las ondas del agua. Parecía diamantes brillando al sol. Este era el lugar al que le gustaba venir a Elefante cuando el día comenzaba a calentar.

Elefante tomaría el agua con su trompa y se la arrojaría a la espalda. A Alce le gustaba pararse al lado de su amigo y que le salpicaran también. El agua fresca se sentía especialmente bien en los días muy calurosos, y estaba seguro de que le ayudaría a sentirse mejor esta mañana.

"¡Elefante!" Alce llamó cuando llegó al estanque. "¡Elefante!"

Alce miró a su alrededor. El estanque no era muy grande y podía ver todo el camino a través de él. El elefante no estaba a la vista. No estaba de este lado del estanque y tampoco del otro. No había elefantes por ningún lado.

Esto solo hizo que Alce se sintiera más solo. Trató de tomar el agua con sus astas y echársela por la espalda, pero solo logró vomitar unas gotas, y eso no lo enfrió.

"¡Elefante!" Alce gritó una vez más. Escuchó, pero no hubo salpicaduras ni trompetas.

No había nada más que hacer, Alce decidió irse a casa. Caminaba lentamente, moviendo los cascos a medida que avanzaba. Sabía que sus amigos no olvidarían su cumpleaños, solo debieron haber salido al mismo tiempo.

"¡Este es el peor cumpleaños de todos!" dijo Alce para sí mismo. Sabía que todo estaría bien, pero se sintió realmente triste y solo en ese momento, y tuvo que dejarlo salir.

Cuando Alce llegó a casa, abrió la puerta de su casa. El interior estaba oscuro y eso le recordó cómo se sentía. De repente hubo un estallido de luz.

"¡Sorpresa!"

Alce saltó hacia atrás. Su mamá y su papá estaban allí, junto con todos sus hermanos. Podía ver a Búho ululando y batiendo sus alas. Castor también estaba allí. Cantaba feliz cumpleaños y golpeaba el suelo con la cola. Se escuchó un gruñido de orgullo en la esquina, y Alce sonrió al ver a Tigre allí parado. Un fuerte toque vino desde atrás, y Alce vio la trompa de Elefante elevándose sobre la multitud.

Las lágrimas asomaron a los ojos de Alce cuando vio a todos sus amigos y familiares en el mismo lugar. ¡Comenzó siendo el peor día de todos y pronto se convirtió en el mejor día de todos!

Alce cortó su gran pastel y lo desmenuzó entre todos. Había globos que volaban por la habitación y el canto estallaba de vez en cuando, generalmente dirigido por Elefante.

Búho le pasó a Alce un regalo que era de todos, y abrió el envoltorio para revelar una bufanda larga que cubría todas sus astas. Alce desfilaba en él, mostrando su regalo de cumpleaños a todos.

Fue el mejor cumpleaños que tuvo Alce y nunca más se sintió solo.

## La liebre y la tortuga

Hay una fábula muy famosa sobre una liebre y una tortuga. Se trata de una carrera, y la moraleja se trata de perseverancia. La gente siempre dice que lento y constante gana la carrera, pero eso no suele ser cierto en las carreras cortas, y la fábula no cuenta toda la historia.

La fábula de la liebre y la tortuga no se trata de una liebre y una tortuga, se trata de dos liebres y una tortuga. Lamentablemente, la parte importante de la fábula se ha perdido, hasta ahora. Cuando Harry finalmente se presentó, la verdadera historia salió a la luz y ahora sabemos el verdadero significado de la fábula.

Hay tres moralejas que aprender:

Ser lento y constante gana algunas carreras.
Ser rápido e inestable gana otras carreras.

No tomes una siesta cuando estés en una carrera.

Todo comenzó en tiempos antiguos donde tienen lugar la mayoría de las fábulas. Nadie está muy seguro de cómo fue que una liebre, que es como un conejo, llegó a competir con una tortuga. Si alguna vez has visto correr a una liebre, entonces sabes que es muy rápida. Y si alguna vez has visto correr una tortuga, entonces sabes que es muy lenta De hecho, ni siquiera estoy seguro de que las tortugas puedan correr, simplemente caminan muy lentamente.

Quien haya organizado esta carrera fue un poco tonto.

La liebre no entrenó mucho para la carrera, no al principio. No fue hasta que su tío Harry vino de visita que comenzó el entrenamiento. El tío Harry era un firme creyente en la práctica de cualquier cosa que se le presentara, sin importar lo fácil que pareciera, y pronto llevó a la liebre a entrenar.

Corrieron a través de las madrigueras de conejos y alrededor del gran roble. Corrieron por los campos de los granjeros y evitaron al perro que vivía en la granja. El tío Harry llevó al límite a su sobrino más y más fuerte, y la liebre se volvió cada vez más rápida.

"Todos sabemos que vas a ganar", dijo el tío Harry. "Todos esperan que ganes, ese no es el problema. El problema es cuánto pones de tu voluntad en esto. Una liebre es una criatura rápida, y deberías ganar esta carrera por una milla ".

Una milla de campo es muy diferente de una milla normal y equivale aproximadamente a 3,2 kilómetros. Ganar algo por una milla significa ganar algo por un largo camino y muy fácilmente.

"Lo daré todo", dijo la liebre.

"Eso es todo lo que pido", dijo el tío Harry. "¡Puedes creerlo! ¿Por qué una tortuga competiría con una liebre? ¡No hay absolutamente ninguna posibilidad de que la tortuga gane! "

Las dos liebres se rieron mucho por eso.

"Voy a correr lo más rápido que pueda y ganar esta carrera", dijo la liebre.

"Ese es mi chico", dijo el tío Harry.

"Apuesto a que podría tomar una siesta y aun así ganar la carrera", dijo la liebre.

"Jajajaja", gritó el tío Harry. "Pero, no lo harás, ¿verdad? No tomarás una siesta durante la carrera ".

"Por supuesto que no", dijo la liebre. "Eso sería ridículo. Aunque sería divertido ".

"Pero no lo vas a hacer", dijo el tío Harry.

"No, no, no", respondió la liebre. "Por qué habría de hacer eso. Sin embargo, piensa en las caras de todos. ¡Simplemente tomó una siesta y ganó una carrera! "

"¡No te eches una siesta!" advirtió el tío Harry.

"¿Por qué iba a hacer eso?" cuestiona la liebre.

"Bien, bien", dijo el tío Harry, pero estaba un poco preocupado de que su sobrino fuera a tomar una siesta durante la carrera.

Los dos continuaron por los campos y los prados. Se detuvieron en la ladera cubierta de brezos para hacer flexiones y saltos de tijera. La liebre se sentía más en forma que nunca y el tío Harry estaba satisfecho con el progreso de su sobrino.

Llegó el día de la gran carrera y los animales de todos lados vinieron a ver lo que sería una carrera unilateral. No muchos animales podían vencer a una liebre en una carrera y ninguno de esos animales era una tortuga. Los animales se devanaron los sesos, tratando de pensar en algún animal al que una tortuga pudiera vencer.

A medida que la liebre y la tortuga se alineaban en la línea de salida, la emoción crecía. Luego, la emoción se perdió por un tiempo cuando la tortuga tardó tanto en llegar a la línea de salida. La liebre saltó arriba y abajo en sus pantalones cortos para correr y se aseguró de beber mucha agua para mantenerse hidratada.

"¿Conoces el tramo?" preguntó el tío Harry,

"Conozco el tramo", dijo la liebre. "Lo caminé esta mañana, y lo hice más rápido de lo que la tortuga va a correr, pero aún así voy a correr lo más rápido".

"Bien, bien", dijo el tío Harry.

"Correré por la recta para comenzar, a través de la pradera de diente de león, a través del bosque salvaje, y más allá del gran roble hasta la línea de meta", dijo la liebre.

"Tienes esto en la palma de tu pata", animó el tío Harry.

Finalmente, la tortuga estaba en la línea de salida. La liebre se alineó y él se agachó en su posición inicial.

¡Explosión!

Sonó el disparo de salida y la liebre salió disparada lo más rápido que pudo, dejando a la tortuga en el polvo. Bajó la primera recta y atravesó el prado antes de que la tortuga diera su primer paso. Corrió hacia el bosque y miró hacia atrás para ver que la tortuga había dado seis pasos.

"Oh, esto es muy divertido", dijo la liebre. "Realmente debería tomar una siesta. ¿Qué tan gracioso sería eso?"

La liebre no estaba segura de lo que le sucedió, pero pensó que esto sería lo más divertido del mundo entero. Buscó un árbol cómodo para dormir y se recostó contra él. Se quedó dormido con una sonrisa en su rostro.

Dos horas después, la liebre se despertó y se estiró. La tortuga ni siquiera estaba a medio camino del bosque salvaje. La liebre salió trotando del bosque y atravesó el campo final tan rápido como pudo. Cuando llegó al roble, se dio cuenta de que nadie lo había visto tomar una siesta. No sería tan gracioso si nadie supiera que lo hizo.

Entonces, la liebre decidió tomar una segunda siesta. Se apoyó en el viejo roble y se durmió. Todos rieron mientras él lo hacía.

Cuando la liebre se despertó, diez horas después, la tortuga estaba cruzando la meta. La liebre corrió lo más rápido que pudo y terminó en segundo lugar, medio segundo detrás de la tortuga.

"¡Pero, tuve dos siestas!" reclamó la liebre.

"Lento y constante se gana la carrera", dijo la tortuga.

"Vamos", dijo el tío Harry. "Es obvio que mi sobrino es más rápido. Todos lo vieron tomar una siesta de diez horas. ¿Cómo puedes afirmar que eres más rápido?"

"Gané la carrera", dijo la tortuga. "Lento y constante se gana la carrera."

"Deja de decir eso", dijo el tío Harry. "No es cierto. No tomes una siesta durante una carrera; esa es la moraleja de esta historia no, lento y constante gana la carrera. ¿Quién ha oído hablar de tal cosa?"

"Soy más rápido que tu chico", dijo la tortuga.

"Está bien, bueno, te desafío a una carrera. Si puedes vencer a mi sobrino, seguramente podrás vencerme a mí ", dijo el tío Harry.

"Tranquilo", dijo la tortuga.

Entonces, al día siguiente, se organizó otra carrera. Correrían en el mismo curso. Los animales no estaban tan emocionados por este, pero aun así vinieron de todas partes para ver la segunda carrera entre una liebre y una tortuga.

¡Explosión!

Se disparó el disparo de salida y el tío Harry se fue. Cuando cruzó la línea de meta catorce segundos después, la tortuga solo había dado dos pasos. La tortuga ocupó el segundo lugar, exactamente trece horas detrás del tío Harry. El tío Harry había ganado por un kilómetro y medio.

Hay muchas moralejas en la historia, pero la principal que hay que sacar de ella es poner todo de ti en todo lo que haces.

# El Príncipe Dragón

Rogar era un príncipe dragón. Ahora, es posible que tengas una imagen en tu cabeza de un joven que es un gran guerrero y es un luchador valiente. Incluso puedes tener imágenes corriendo por tu mente de una gran batalla entre este valiente caballero y un feroz dragón. Si eso es lo que estás pensando, entonces no podrías estar más equivocado.

Necesitas revertir todo en tu mente.

Rogar no era un príncipe que luchó contra dragones, era un dragón que también era un príncipe.

Rogar era el hijo del rey y la reina de la Montaña de Fuego, uno de los muchos reinos de dragones esparcidos por las tierras. Era un momento de gran paz entre los dragones, y se iba a celebrar una celebración para conmemorar un año de coexistencia pacífica de dragones.

"Es un momento maravilloso", dijo Rogar. Caminó por las grandes cavernas debajo de la montaña. A los dragones les gustaba vivir en las montañas en lugar de los castillos, y cada reino tiene su propia montaña, al igual que cada reino humano tiene su propio castillo.

"Podemos tener una fiesta", dijo Luto, su hermana y princesa de la Montaña de Fuego.

"¿Eso es todo lo que te importa?" preguntó Rogar. "¿Solo te importa una fiesta?"

"Bueno, tener paz y ninguna guerra es bastante bueno, lo admito", dijo Luto. "Pero, ha pasado tanto tiempo desde que tuvimos una gran celebración en la Montaña de Fuego. ¡Vamos, hermano, déjame disfrutar!

"Bien, bien", dijo Rogar. "Ahora, si quieres ayudar, el gran salón aún necesita ser decorado. Tenemos menos de un día para la celebración. El salón sin duda podría usar su toque delicado ".

"No soy delicado, soy un dragón feroz", dijo Luto.

"Técnicamente, todos los dragones son feroces", recordó Rogar. "Es solo que algunos son más feroces que otros".

"Sí, supongo", admitió Luto. "Me gusta bailar más de lo que me gusta carbonizar a los caballeros con fuego".

"Oye", dijo Rogar.

"Está bien, hermano, aquí es donde te dejo. Iré a ayudar en el gran salón, pero primero tengo que ir a estirar las alas. Tengo que mantenerme en forma y hacer ejercicio con regularidad ", dijo Luto.

"Te veré en la cena esta noche", dijo Rogar. Vio a su hermana irse. Aunque no le gustaba admitirlo, era extremadamente feroz y podía resistir bastante. Hubo muchas ocasiones en su infancia en las que Rogar había tenido miedo de su hermana.

Rogar negó con la cabeza cuando su hermana desapareció de las cuevas y se dirigió hacia la sala del tesoro. Tenía que asegurarse de que todo el tesoro estuviera pulido antes de que llegaran los otros dragones. Todos querrían ver el tesoro, y tenían que tenerlo brillante para que fuera realmente impresionante.

Algunos dragones habían mencionado que el rey de la Montaña de Humo había acumulado más tesoros y tenía la misma cantidad que ellos. Si iban a tener la delantera, tenían que asegurarse de que todas las gemas brillaran, y los otros dragones tenían que poder ver sus caras en el oro y la plata.

"Buen trabajo, Dragones", dijo Rogar mientras caminaba por la sala del tesoro. El tesoro se veía muy impresionante. Él estaría a cargo de él algún día cuando su padre decidiera retirarse.

También revisó el gran salón. Había carteles de fuego por todas partes y el lugar se veía increíble. Había cientos de dragones allí, decorando todo, pero no podía ver a su hermana entre ellos.

Esa noche, durante la cena, su hermana todavía no se veía por ningún lado y todos comenzaron a preocuparse. El rey y la reina enviaron mensajeros dragón a todos los rincones del reino.

El dragón dorado, el más rápido del reino, regresó primero.

"La hemos encontrado", dijo.

"Oh Dios." El rey dragón se sintió aliviado.

"Pero hay un problema. Ha sido robada por un caballero y encerrada en una torre alta de un castillo ".

"¡Qué! ¡Por qué harían eso!" gritó el rey. "No andamos robando a su gente. ¿Cuál podría ser su motivación? "

"Son salvajes", dijo Rogar. "Iré tras ella, padre. La tendré de vuelta antes de nuestras pacíficas celebraciones".

El rey asintió mientras la reina lloraba. Rogar fue a la armería y se puso su armadura de escamas de dragón. Los dragones llevaban las escamas de sus antepasados en batalla. Cuando regresó a la sala del trono, el dragón dorado le dijo dónde estaba el castillo humano. Su madre también le dijo que tuviera cuidado. Había muchas historias horribles de caballeros matando dragones, y ella no quería que Rogar terminara así.

"Tendré cuidado, madre", dijo Rogar.

"¡Vamos!" gritó el rey. "Trae de vuelta a tu hermana. Trae de vuelta a nuestra hija. Sálvala antes de que declaremos la guerra a los humanos y llueva fuego sobre ellos ".

Rogar agitó sus grandes alas rojas y salió disparado hacia el aire, fuera de la sala del trono y la montaña, hacia el cielo negro. Siguió las instrucciones dadas y vio el castillo en la distancia justo cuando amanecía.

Rojo y naranja surcaban el cielo, pero también algo más. Grandes flechas y rocas volaron hacia él. Lo habían visto y estaban usando grandes catapultas y otras armas para intentar derribarlo antes de que llegara allí.

Rogar esquivó los peligrosos proyectiles y se estrelló contra la pared del castillo, derribando una parte de ella. Pudo ver cuatro torres masivas, y se estrelló contra cada una, derribando las torres, una a la vez.

La princesa dragón no estaba en ninguno de ellos.

A su alrededor, los soldados dispararon flechas y lanzas, pero no le hicieron daño. Incluso las armas más grandes apenas podían abollar su armadura, y mucho menos su piel escamosa.

De repente, todos fueron silenciados. Desde la puerta interior del castillo, se escuchó un ruido de clip. Los soldados retrocedieron cuando el caballero negro emergió de la oscuridad. Montaba un caballo negro y llevaba una lanza y una espada. Se detuvo por un momento, mirando al dragón, antes de atacar a Rogar tan rápido como pudo.

Rogar sabía que no se debía jugar con los caballeros, así que se recompuso y soltó fuego por la boca. Conjuró una gran bola de fuego y se la arrojó al caballero. Golpeó el suelo junto al caballo y el caballero cayó al suelo.

Rogar preparó otra bola de fuego mientras el caballero lo miraba fijamente por segunda vez.

Mientras Rogar se preparaba para enviar más fuego hacia el caballero, el caballero dejó caer sus armas y salió corriendo del castillo lo más rápido que pudo.

"Bueno, eso fue fácil", se dijo Rogar. Se preguntó a qué se debía tanto alboroto y concluyó que los humanos debían haber inventado todas esas historias sobre la matanza de dragones. El caballero con el que había luchado era inútil y el castillo no había opuesto resistencia. Incluso un ejército no podía competir con él, y él era solo un dragón.

Cuando todos vieron al caballero huir, rápidamente abrieron la puerta de la mazmorra. Luto vio la abertura y decidió volar por el techo en su lugar, estrellándose a través de él.

"¿Por qué no hiciste eso cuando te capturaron?" preguntó Rogar.

"Pfft", respondió Luto. "¡Y perderse esta gran historia para la fiesta! Todos clamarán por escuchar sobre mi rescate de manos del caballero negro. También intentó huir de mí cuando me vio, pero logré convencerlo de que me llevara de regreso a su castillo. Los humanos son pequeñas criaturas divertidas, ¿no es así?

"Sí, lo son", dijo Rogar. "Vamos a casa."

Los dos dragones volaron a casa y asistieron a las celebraciones. La paz duró siete años más antes de que comenzaran las grandes guerras de dragones, pero esa es una historia para otro momento.

## Pie grande y su familia

Arthur se miró los pies. Nunca había pensado que sus pies fueran particularmente grandes, pero hubo muchos que lo hicieron. Esa gente era, bueno, gente. Así le habían puesto.

Sin embargo, Pie grande era solo uno de sus nombres. También pasaba por Yeti y Sasquatch, dependiendo de en qué parte del mundo te encontraras. Hubo ocasiones en que lo habían confundido con extraterrestres o fantasmas. Y no hubo acuerdo sobre si era real o no.

Había sido relegado al mismo estatus que otras criaturas, como el Monstruo del Lago Ness, Ogopogo y el Chupacabras.

Sabía que todas esas criaturas eran reales ya que las había invitado a todas a su casa el verano pasado, sabía que él también era real. Su familia era real, estaba seguro de eso, pero le gustaba que algunas personas no pensaran que él era real. Significaba que podía meterse un poco con ellos.

Una vez más, miró su pie y no pensó que pareciera particularmente grande. En cualquier caso, no importaba y si sus pies fueran de tamaño regular, podrían simplemente haberlo llamado "Pie", y ese no sería un nombre muy pegadizo.

Bajó las escaleras para encontrar a su familia sentada a la mesa de la cocina desayunando. Su esposa estaba sirviendo panqueques y sus dos hijos se metían grandes trozos de panqueques en la boca.

"Buenos días, compañeros de pies grandes", dijo Arthur.

"Papá, no nos llames así", dijo Sid, su hijo. "No tenemos pies grandes, ni tan grandes como los tuyos".

"Sí", asintió Nina, su hija.

"Creo que tus pies son muy hermosos", dijo Mary, su esposa.

"Muchas gracias", dijo Arthur. Se miró los pies y sonrió. Flexionó los dedos de los pies y observó cómo el cabello se movía de un lado a otro. Los pies grandes son muy peludos.

"¿Que vamos a hacer hoy?" preguntó Nina.

"¿Podemos meternos con la gente, hacerles bromas?" preguntó Sid.

"No veo por qué no", dijo Arthur. Una de sus cosas favoritas para hacer en familia era bromear con la gente.

La familia Pie grande siempre se mantuvo oculta a la gente. Si la gente se enterara de ellos, seguramente los pondrían en jaulas y realizarían experimentos con ellos, por lo que era más seguro permanecer ocultos, pero eso no significaba que tuvieran que permanecer completamente ocultos. Les gustaba mostrarse a algunas personas y hacerles bromas.

"Escuché que hay algunas personas acampando junto al lago", dijo Mary. "Podríamos hacer que tomen algunas fotos o videos borrosos".

"Sí", dijo Arthur. Esta era una de sus cosas favoritas para hacer, y todos desayunaron rápidamente para poder bajar al lago y bromear con algunos campistas.

Cuando los cuatro llegaron allí, se escondieron detrás de unos árboles y observaron a la familia mientras movían sus pertenencias y se preparaban para nadar en el lago.

"Sería divertido salir corriendo y asustarlos. Podríamos mover los brazos y hacer ruidos extraños. ¿Te imaginas sus caras? " preguntó Sid.

"Eso sería muy divertido", coincidió Arthur. "Pero, podría llevarnos a ser descubiertos correctamente".

"Sí", dijo Sid con tristeza.

Se prepararon para poner en práctica su plan. Mary se escondió detrás de un árbol más cercano al campamento. Esperó hasta que los humanos solo estuvieran prestando atención a medias, pero se aseguró de que tuvieran una cámara sobre ellos.

Rápidamente salió corriendo de detrás del árbol y corrió hacia el siguiente. Escuchó una voz sorprendida y pudo sentir el silencio. La gente estaba esperando que volviera a suceder.

"Ve", susurró Arthur.

Sid y Nina salieron corriendo de sus escondites y esquivaron a izquierda y derecha hasta que llegaron al árbol donde se escondía su madre. Al principio habían escuchado gritos, seguidos de clics de cámara.

"¿Funcionó?" preguntó Sid.

"Tú y tu hermana estuvieron geniales", dijo Mary. "Tienen algunas imágenes borrosas, seguro. Ahora es el turno de tu padre. Estarán esperando más movimiento para capturar algún video.

Los tres miraron hacia donde se escondía Arthur. De repente, salió de su escondite y caminó tan cerca de las ramas de los árboles como pudo. Sostuvo sus brazos de manera extraña a los lados y miró a la cámara en un momento. Su familia casi se echó a reír de lo extraño que se veía.

Arthur se tapó la boca con la mano cuando llegó a su familia. "Eso fue brillante", dijo. Todo lo que van a tener son algunas fotos borrosas y un video de una forma extraña moviéndose detrás de unas hojas. Van a creer que vieron Pie grande, lo que hicieron, pero nadie les va a creer jamás ".

"Oh, hombre, eso fue divertido", dijo Sid.

Observaron desde su escondite mientras la familia escaneaba los árboles durante unos minutos más antes de que todos se apiñaran alrededor de la pantalla de la cámara para volver a ver el video y ver las imágenes. Por la forma en que se acercaron a la pantalla y entrecerraron los ojos, la familia Pie grande estaba segura de que las imágenes y el video eran extremadamente borrosos.

"Misión cumplida", dijo Mary. "Vámonos a casa para el almuerzo".

Los cuatro comenzaron el camino a casa, pero Arthur levantó la mano de repente. Al otro lado del lago, estaba el objetivo perfecto.

"Sabes cómo querías saltar y asustar a alguien, bueno, adelante", le dijo Arthur a Sid.

Todos miraron hacia el otro lado del lago y pudieron ver al hombre pescando. Estaba allí solo con una silla, una caña de pescar, una gran hielera con cerveza y los pies descalzos. Ya había seis latas de cerveza vacías a sus pies y sus ojos no podían mirar en la misma dirección al mismo tiempo. También murmuraba para sí mismo de vez en cuando.

"¡Si!" dijo Sid.

Todos se deslizaron alrededor del lago y se acercaron al hombre. Cuando estuvo listo, Sid saltó de los arbustos y emitió fuertes rugidos, golpeándose el pecho para lograr un efecto adicional.

¡Funcionó!

El hombre se dejó caer en su silla y rodó hacia atrás. Dejó caer su caña de pescar y se arrastró hacia los árboles. Fue entonces cuando el resto de la familia apareció y comenzó a rugir.

"¡Rugido!"

"¡Waaaaaaaa!"

"¡Ooga-Booga-Booga!"

El hombre se escapó, gritando, y la familia Pie grande lo siguió en silencio hasta la ciudad. Cuando el hombre llegó allí, sin aliento, les dijo a todos que podía encontrar que acababa de ser atacado por una familia de Pie grandes.

Nadie le creyó. Ni una sola persona.

La familia Pie grande lo encontró muy divertido y se rió durante todo el camino de regreso a casa. Las bromas eran divertidas y los unía más como familia.

"Eso les enseñará a llamarme Pie grande", dijo Arthur mientras se preparaba para ir a la cama esa noche.

"Pero, sí tienes pies grandes, querido", dijo su esposa.

"Sí, pero no necesitan nombrarme solo por el tamaño de mis pies", dijo.

"Ven a la cama y olvídate de todo", dijo Arthur. "Tenemos vecinos que vendrán a cenar mañana".

"¿Los marcianos de Júpiter?" preguntó Arthur.

"Sí, dijo su esposa, pero no los llames marcianos. Los marcianos son de Marte. Los jupitanos son de Júpiter ".

Arthur se durmió más feliz de lo que se había despertado.

## El arcoiris del sueño

Si estás bien arropado en su cama, probablemente estés listo para irse a dormir, y eso es algo bueno.

Si no estás en tu cama mientras te lees esto, o si lo estás leyendo tú mismo, también está bien. Te ayudará a prepararse para cuando esté en la cama.

Cuando llega la hora de dormir, a veces puedes quedarte dormido muy rápido y otras veces, puede llevar mucho tiempo conciliar el sueño.

Para pasar del mundo de la vigilia, el mundo donde haces todo durante el día, al mundo del sueño, donde hay una tierra de sueños, necesitas cruzar el arcoíris del sueño.

El arco iris del sueño a veces viene en diferentes tamaños y puede ser un arco iris largo o un arco iris corto. Si es un arco iris corto, no se tarda mucho en cruzarlo. Si es un arco iris largo, puede llevar mucho tiempo cruzarlo.

Cuando no puede conciliar el sueño rápidamente, es porque el arco iris es largo. Pero aún puedes cruzar el arcoíris fácilmente. De hecho, hay siete formas de cruzar el arcoíris del sueño porque hay siete colores para cruzar, siete caminos diferentes desde el mundo de la vigilia hasta el mundo de los sueños.

Hay siete colores en el arco iris: rojo, naranja, amarillo, verde, azul, índigo y violeta.

El primer camino que puedes cruzar es el camino rojo. El camino rojo se ocupa de la ira. No se permite que la ira esté en el camino rojo, por lo que si estás lleno de ira, no podrás cruzar el camino rojo.

Sin embargo, deshacerte de tu ira es fácil. Cuando aceptas la ira, el sentimiento fuerte desaparece, incluso si la ira todavía está ahí. Es el sentimiento lo que hace el daño, no lo que lo causó. Aún puedes tener ira siempre y cuando no permitas que te haga sentir lo que no quieres sentir.

Intenta respirar con calma. Inhala y exhala profundamente mientras piensas en lo que te hizo enojar. Piensa por qué estás enojado mientras inhalas y exhalas, y deja que los pensamientos floten hacia el cielo. Cuanto más inhales y exhales, más control tendrás y menos control tendrá la sensación.

Cuando te hayas deshecho de tus sentimientos de ira, podrás cruzar el puente rojo.

¿Y el puente naranja?

Cuando tu cuerpo está cansado y adolorido, no puedes tomar el camino naranja. El camino naranja solo se puede tomar cuando tu cuerpo está más descansado.

Ahora, sé que dormir ayudará a tu cuerpo, pero hay algo que puedes hacer para que tu cuerpo esté más tranquilo, y es estirarlo. Comienza con los pies y sube por tu cuerpo para estirar cada parte de tu cuerpo. Cuando tu cuerpo se sienta estirado, también te sentirás más relajado.

Cuando tu cuerpo se sienta relajado, no habrá nada que te impida cruzar el puente naranja.

El puente amarillo también es una opción, y lo único que puedes evitar que cruces el puente amarillo es su emoción. La emoción es divertida, pero demasiada sensación en el interior puede evitar que cruces el puente amarillo y te quedes dormido.

Una de las mejores formas de deshacerte de tu entusiasmo (por ahora) es hacer algo de meditación. Mantén los ojos cerrados y piensa en tu respiración. Mientras inhalas y exhalas, piensa en tu respiración. En tu mente, imagina que tu pecho y tu estómago suben y bajan mientras respiras. No pienses en nada más que en eso.

Si descubres que piensas en otra cosa, vuelve a pensar en la imagen de tu respiración. Continúa haciéndolo hasta que la sensación de excitación en tu estómago comience a desaparecer. Cuando lo hagas, puedes cruzar el puente amarillo.

El puente verde se puede cruzar cuando estés tranquilo.

Hay muchas cosas que pueden impedirle la calma y es posible que ni siquiera sepas qué es lo que no te impide calmarte. Cuando esto suceda, intenta ser más consciente.

Cierra los ojos y piensa en todo lo que te rodea. Respira y observa lo que huele. ¿Puedes distinguir aromas individuales? ¿Qué escuchas? Esta historia, pájaros cantando, ¿algo más? ¿Qué sientes? ¿La manta o una brisa? Que saboreas cuando tus ojos están abiertos, ¿qué ves?

Cuando estés atento, comenzarás a estar más tranquilo y no tendrás problemas para cruzar el puente verde.

Si te sientes triste, no puedes cruzar el puente azul. Sentirse triste puede ser difícil, pero también es parte de la vida. Sentirse triste no es nada malo, y eso es lo que te va a ayudar a cruzar el puente azul.

Piensa en tus sentimientos de tristeza. ¿Qué te hace sentir triste?

Si hay algo que puedas hacer para cambiar cómo te sientes, comienza a pensar en cómo hacerlo. Si no hay nada que puedas hacer para cambiar cómo te sientes, entonces acepta que así es como te sientes.

A veces podemos hacer algo con nuestra tristeza y, a veces, solo necesitamos aceptarlo. Ya sea que elijas el cambio o la aceptación, ambos te ayudarán a cruzar el puente azul.

Cruzar el puente índigo viene después de haber descansado la mente.

A veces, cuando intentas dormir, tu mente corre a una milla por minuto. No importa lo que pienses, no puedes evitar que todos estos otros pensamientos nublen tu mente también. La solución es salir de tu mente.

Combatimos lo mental con lo físico. Es hora de exprimir unos limones.

Imagina que tienes un limón en cada mano. Ahora, exprime ese limón tan fuerte como puedas. Una y otra vez, finge que tienes un limón en cada mano y apriétalo tan fuerte como puedas. Puedes apretar un poco y apretar mucho. Elige lo que te parezca mejor.

A medida que te concentras en exprimir limones, tu mente se concentra en algo que no son solo pensamientos, y tienes la oportunidad de calmarte. Cuando exprimas suficientes limones, podrás cruzar el puente índigo.

El último puente es el puente violeta.

El puente violeta es imposible de cruzar cuando tienes problemas con los que no puedes lidiar. A veces, tienes muchos problemas y no hay forma de solucionarlos. Puede parecer que no hay soluciones a tus problemas y quieres darte por vencido.

Es hora de pedir ayuda externa.

Habla con alguien sobre tus problemas antes de irte a dormir. Elige un padre, tutor, hermano u otra persona de confianza en su vida. Incluso compartir tus problemas hará que parezcan más pequeños. Y a menudo, otra forma de ver las cosas es todo lo que necesitas para resolver tus problemas.

Cuando hayas reducido tus problemas, finalmente podrás cruzar el puente violeta.

Cuando necesitas hacer el viaje a la tierra del sueño, tienes muchas opciones. No importa qué puente tomes, todos conducen al mismo lugar. Entonces, cuando te vayas a dormir esta noche, y te esté tomando mucho tiempo, piensa qué puente quieres cruzar y hazlo.

www.ingramcontent.com/pod-product-compliance
Lightning Source LLC
Chambersburg PA
CBHW051828160426
43209CB00006B/1091